趣味休閒

趣味休閒

超人氣！

12星座

家人+朋友

= 288種人際關係書！

趙心如★編著

目錄

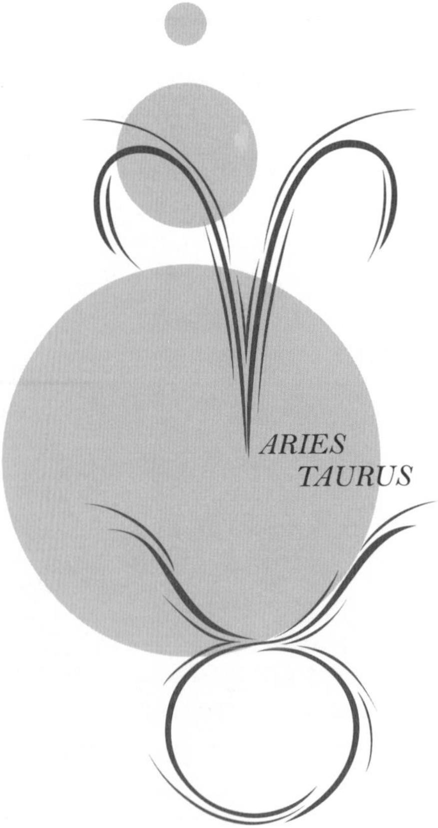

牡羊座 Chapter01

010 ★ 牡羊座的人生觀
012 ★ 牡羊座的家庭觀
牡羊座與12星座家人的關係♡
020 ★ 牡羊座的交友觀
牡羊座與12星座朋友的關係♡

金牛座 Chapter02

030 ★ 金牛座的人生觀
032 ★ 金牛座的家庭觀
金牛座與12星座家人的關係♡
039 ★ 金牛座的交友觀
金牛座與12星座朋友的關係♡

雙子座 Chapter03

048 ★ 雙子座的人生觀
050 ★ 雙子座的家庭觀
雙子座與12星座家人的關係♡
057 ★ 雙子座的交友觀
雙子座與12星座朋友的關係♡

GEMINI
CANCER

巨蟹座 Chapter04

066 ★ 巨蟹座的人生觀
068 ★ 巨蟹座的家庭觀
巨蟹座與12星座家人的關係♡
076 ★ 巨蟹座的交友觀
巨蟹座與12星座朋友的關係♡

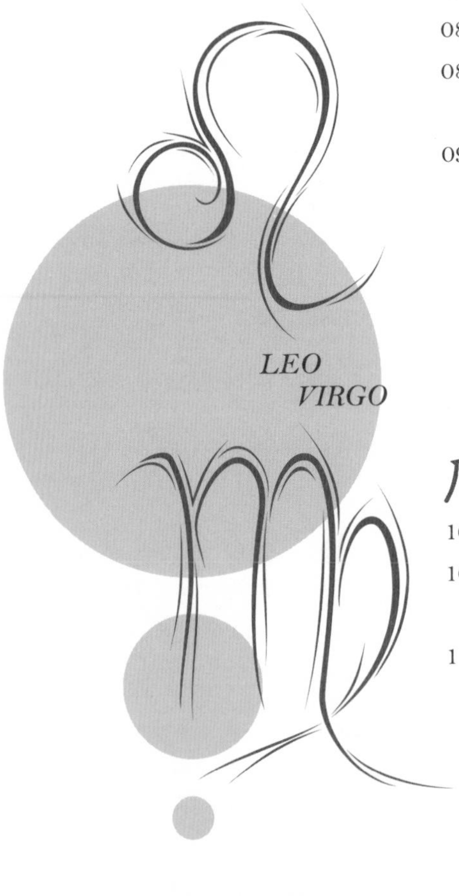

獅子座 Chapter05

084 ★ 獅子座的人生觀
086 ★ 獅子座的家庭觀
獅子座與12星座家人的關係♡
094 ★ 獅子座的交友觀
獅子座與12星座朋友的關係♡

處女座 Chapter06

104 ★ 處女座的人生觀
106 ★ 處女座的家庭觀
處女座與12星座家人的關係♡
113 ★ 處女座的交友觀
處女座與12星座朋友的關係♡

天秤座 Chapter07

122 ★ 天秤座的人生觀

124 ★ 天秤座的家庭觀
天秤座與12星座家人的關係♡

131 ★ 天秤座的交友觀
天秤座與12星座朋友的關係♡

天蠍座 Chapter08

142 ★ 天蠍座的人生觀

144 ★ 天蠍座的家庭觀
天蠍座與12星座家人的關係♡

152 ★ 天蠍座的交友觀
天蠍座與12星座朋友的關係♡

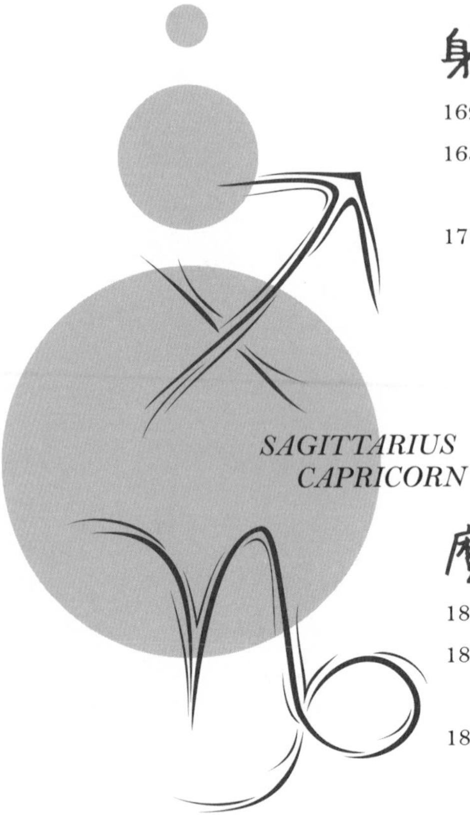

射手座 Chapter09

162 ★ 射手座的人生觀
163 ★ 射手座的家庭觀
射手座與12星座家人的關係♡
171 ★ 射手座的交友觀
射手座與12星座朋友的關係♡

魔羯座 Chapter10

180 ★ 魔羯座的人生觀
182 ★ 魔羯座的家庭觀
魔羯座與12星座家人的關係♡
189 ★ 魔羯座的交友觀
魔羯座與12星座朋友的關係♡

水瓶座 Chapter11

198★ 水瓶座的人生觀
200★ 水瓶座的家庭觀
水瓶座與12星座家人的關係♡
208★ 水瓶座的交友觀
水瓶座與12星座朋友的關係♡

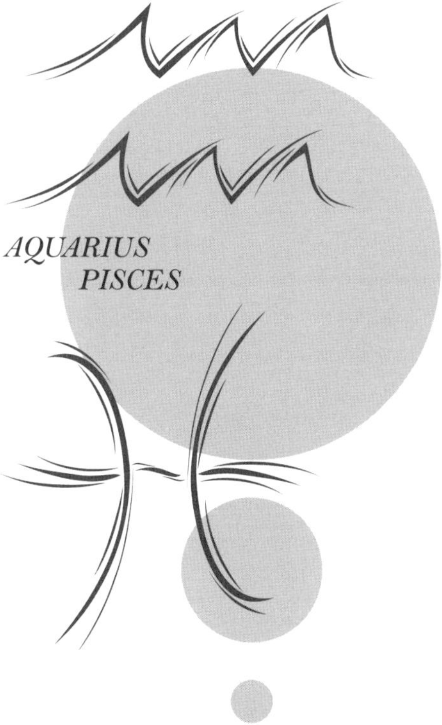

雙魚座 Chapter12

218 ★ 雙魚座的人生觀
220 ★ 雙魚座的家庭觀
雙魚座與12星座家人的關係♡
227 ★ 雙魚座的交友觀
雙魚座與12星座朋友的關係♡

Aries

Chapter01

牡羊座

★

牡羊座的人生觀

精神旺盛又有充足的體能，對所有的事情，都抱持著強烈的自信心，不達到他設定的目標，絕不罷休，這就是牡羊座。他們的動作又快又迅速，所以我們在牡羊座身上，可以看到傳說中「自信心滿表」的戰力呈現。

牡羊座在個性上，有著孩子般的率真坦誠，因此在現實社會之中，常常會覺得找不到自己的「立足點」，害怕自己變成「浮萍人」，所以會緊緊抓住所有交朋友的機會。他們不擅長用「假面具」來面對周遭的好朋友，不太會偽裝自己的性情，讓他們不免因此得罪朋友而獨自難受。

而牡羊座的沒有耐性，又是一個連他自己都討厭的缺點，牡羊座對嗜好的熱衷程度會隨時間而慢慢失去興趣。他就像一個小孩，玩具玩久了就膩一樣，讓人傷腦筋啊！

在面對失敗及挫折時，牡羊座有很強的智慧去面對挫折，他們認為只要有堅決與熱血的心，沒有事情是不能解決的，哼！牡羊座不怕任何的困難險阻啊！

牡羊座行動果決，因此他們很受不了慢吞吞的人。牡羊座認為慢就會喪失先機。因此，凡事一定快狠準，想贏，一定要快！

牡羊座對於感情，有著強烈占有欲。伴侶一定要聽他的，而且要以他的意見為意見，這樣牡羊座才會有被重視的感覺。

對牡羊座的恭維奉承是不可或缺的，因為這樣會讓他們更加充滿自信，但是牡羊座要注意，別人的奉承就是虛偽哦！千萬不要陷入這些太多虛偽行為的陷阱，被不懷好意的人矇蔽，如果中計的話，結果會很恐怖啊！

牡羊座的人就算在很悲觀的情況下，也不會因此喪失勇氣。因為，牡羊座認為「失敗為成功之母」，不管怎麼樣的困境，他都有辦法解決的。謀定而後動，牡羊座是專業的策略家。

牡羊座是活潑、外向的，在兒童時代，可能讓父母傷透腦筋，因為牡羊座天生不服輸、好動、自尊心強，這些都常常會惹出一些麻煩。不過，這些也是牡羊座特有的個性，在成長的過程中，他這些累積的人生經驗，是牡羊座成為「睿智者」的必經歷程。

牡羊座的家庭觀

牡羊座強勢的星座個性，在家庭生活中，牡羊座會刻意奪取主導地位。當然，現在是一個開放的民主社會，就算牡羊座是一家之主，也需要多聽聽家人的意見；總之，家庭生活是講究分工合作，彼此要善加溝通，這樣才能讓自己的家庭幸福美滿。牡羊座要調整自己的心態，不要太霸道喔！

在牡羊座的家庭觀中，他是一個堅持付出責任的星座，這是不容否認的。牡羊座的他，可以提供家中每個人有生活上的安全感。但是牡羊座總是看到家人的小缺點，而想要加以干涉，這就是牡羊座比較霸道，要家人都要聽他的。不過，牡羊座的本意是良善的，只是在態度上，牡羊座有改善的必要哦！

對牡羊座來說，生活是沒有困難的，凡事他都有克服的毅力和勇氣，完全不會被挫折打敗。因為，在牡羊座的世界裡，人生本來就是一連串的挑戰，一定要突破重重關卡，才會有完美的結局。

牡羊座是個心態樂觀和充滿衝勁的星座，把這些特性多多用在自己的家庭，一定會培養出很好的家庭關係，牡羊座相信自己的能力能夠做得很好，只是脾氣別那麼大，家庭的氣氛就會更好。

牡羊座與12星座宗人的關係

面對牡羊座♈的家人

雙方都是屬於「用劍急躁」的派別，再加上彼此都很有自己的主見，因此在相處上，必須要先學會互相收斂不必要的鋒芒。

如果身為子女或是弟弟妹妹，就應該多多體諒父母或哥哥和姊姊。如此才能有比較融洽的家庭生活，使家中的氣氛更溫馨。

牡羊座脾氣比較「衝」，因此，學會克制自己的情緒，是牡羊座一生最重要的課題；另外，牡羊座因為太有自信了，難免有時講話會大聲一點，牡羊座一定要稍微控制自己的衝動，才能維持優質的家庭生活。

面對金牛座♉的家人

在牡羊座眼中，金牛座是一個動作慢、思考慢、說話也慢的星座；和牡羊座比起來，金牛座真的是超級慢動作的家人。金牛座也是一個喜歡穩紮穩打的星座，這點可是和快動作的牡羊座有很大的差別。

當然，在同一個屋簷下生活，彼此又是一家人，本來就要互相包容，而且金牛座是很有責任感的星座，待在家裡也是閒不住的，很喜歡主動做家事，不會有偷懶的表現。其實，只要牡羊座不要過度要求，一定會覺得金牛座其實滿不錯的，因為他很實在、很認真、很好相處。

面對雙子座♊的家人

牡羊座和雙子座是很聊得來的星座組合。因為，他們的頭腦反應和吸收新知識的能力，都是屬於快速一族，只是彼此在行動力上有些差別。

牡羊座會覺得雙子座真的很會說！講得天花亂墜，好像什麼都會做，而且是全知全能。偏偏雙子座真的很會說、答應得也很快，就是動作慢了點，甚至光說不練。牡羊座是急性子，說做就做，不會拖拖拉拉，在行動力上，雙子座和牡羊座就有差異了，因此很容易產生磨擦，他們需要一個能協調彼此順暢溝通的人，才可以減少在家庭生活的磨擦。

面對巨蟹座♋的家人

巨蟹座的人習慣把情緒放在心裡，常常是有話要說也不說出口。偏偏牡羊座個性是大刺刺的，有話直說，很少放心裡不說出來，當然也不希望家裡其他人有話不講。牡羊座認為這樣會造成溝通不良，在他的想法裡，家人本來就是有話就要說出來的啊！

因此，牡羊座一定會嘗試帶動家中的歡樂氣氛，如此才能讓家人之間有良好的互動關係。其實在家裡，大家有話就說，不要藏心裡，才不會日子久了，彼此無話可說。牡羊座在家中，就是要盡量帶動家庭愉快的氣氛。

面對獅子座♌的家人

他們可是擁有相似個性的人哦！因此，在相處上可能要互相「禮讓」一番，這樣比較能好好相處，否則家中可能會變成「針鋒相對」的戰場，身在同一個家中，總要互相關心哦。

其實，不論是牡羊座或獅子座都是愛面子的人，再加上他們都喜歡得到別人的讚美。誰不希望得到別人的誇獎；另一方面，每個人也都不願被別人用話語刺傷，只是有的人可以忍耐罷了。可是對牡羊座和獅子座來說，是不可能要他們乖乖的「吞下去」的。牡羊座和獅子座要多學習互相讚美，在彼此的相處上才能有益無害！

面對處女座♍的家人

牡羊座和處女座是兩種完全不同個性的星座。基本上，他們不住在同一個星球。牡羊座比較大而化之，那大剌剌的個性，有時也可以說是粗心大意。偏偏處女座是個小心仔細的人，對於粗心大意的人完全受不了。由此可知，他們兩人根本屬於不同次元啊！

當然啦！同是一家人，相輔相成才能互補長短。只不過當脾氣來的時候，可能兩人都很容易「脣槍舌戰」，牡羊座和處女座有必要互相容忍。因為不論牡羊座或是處女座，他們口才的狠勁都不差，這要是鬥起來，那可精采熱鬧了。學會「各退一步」，就能更靠近對方哦！

面對天秤座♎的家人

這個組合，一看就是一個天秤座會禮遇牡羊座的配合。因為天秤座是一個求和諧的溫和星座，凡事以「社會和諧，安穩過日」為主，甚至會讓別人出風頭；因此，通常不會和牡羊座有什麼糾紛。

但在人生的基本態度上，牡羊座會受不了天秤座「無所求、任自然」的態度，好像每一件事對天秤座來說，都不重要。而牡羊座剛好相反，凡事追求表現第一，自然會呈現強勢作風。因此，牡羊座與天秤座需要互相協調，在家庭生活中，盡量做到和諧相處。

面對天蠍座♏的家人

牡羊座和天蠍座都屬於脾氣不太好的星座，只是牡羊座比較陽光型，什麼話都藏不住，有話就說，希望能當一個霸氣的發號施令者。而天蠍座則是屬於自己做自己的個性，只要「人不犯我」即可，但天蠍座仍有潛在的「權力慾望」，不會從內心去和牡羊座和平共處。

因此，可能在與天蠍座的相處上，牡羊座要收斂一點脾氣比較好；而天蠍座不要隨時呈現想要探知別人心事的樣子，甚至沒顧慮到牡羊座愛面子，隨意去說一些牡羊座不想讓人知道的事，這樣就不太好了；彼此要維持良好的關係哦！

面對射手座♐的家人

在基本個性上，他們兩人是相同的，都外向活潑又開朗；但這是基本的個性，再延伸出來就產生差別了。牡羊座要求榮譽感，希望是一個受人矚目的人，最好大家都聽他的。但是射手座就不同了，他要的是自由，是不被管束，我是「隱形人」，最好大家都別注意我。但是這會讓牡羊座抓狂，心中ＯＳ：「地球上怎麼會有這種不積極努力的人呀！」

可是射手座則會認為牡羊座太過拚命了，何必這麼辛苦呢？因此在相處上，是牡羊座影響射手座，彼此相處的最優化模式是：「牡羊座嘗試讓射手座積極一點；而射手座要讓牡羊座放輕鬆一點。」因為，這裡是家裡不是戰場，別太緊繃！

面對魔羯座♑的家人

牡羊座和魔羯座都屬於能認真於自己本份工作及責任的人。因此，在對於「負責任」這件事上，很能互相欣賞，只是兩個人在個性上有差異。牡羊座活潑外向、善於表達自己人，什麼事都不放心裡，要說出來才愉快，才能溝通。

偏偏魔羯座是一個「悶不吭聲」的人，甚至你在和魔羯座面對面講話，都不見得能得到回應。所以牡羊座和魔羯座的相處過程，可是會憋死牡羊座的；牡羊座不妨多多誘導魔羯座把話說出來，不要老是放心裡，有話說出口，對家庭氣氛有好無壞。

面對水瓶座♒的家人

水瓶座和牡羊座的組合，基本上不會有什麼所謂的衝突。因為水瓶座是一個個性溫和的星座，再加上他脾氣也不錯，自然能容忍牡羊座。只是牡羊座可能會覺得水瓶座根本沒有人生目標，每天總是無所事事的感覺，和水瓶座說東，他就回答西，讓人搞不清楚。而水瓶座會覺得牡羊座幹嘛這麼衝動，何必這麼努力呢？人生不是就要悠閒過日子嗎？

所以，牡羊座可以多帶領水瓶座增加生活歷練，而水瓶座也可以盡量影響牡羊座，讓他能輕鬆一點過生活。

面對雙魚座♓的家人

雙魚座是一個溫和的星座，甚至可以說他沒有什麼所謂的人生目標。說得好是與世無爭，說得不好是沒有上進心。只是在日常生活相處上，雙魚座對牡羊座來說有存在感，但沒有任何壓迫感，這樣是很愉快的。

可是相反的，牡羊座對雙魚座來說，那就完全不同了，那種強勢與高高在上的感覺，總會讓雙魚座有受不了的壓迫感。也可以說牡羊座要的，是實質掌握的優越感；而雙魚座想要的，卻是心靈的感覺。要在家庭中和諧相處，可能雙魚座要加強務實性，而牡羊座不要太強勢，這樣會比較好。

牡羊座的交友觀

牡羊座的個性很「阿莎力」，通常這種個性的星座，都是比較容易交朋友的人（也就是同屬火象星座的人，包括牡羊座、獅子座、射手座）。

在和朋友交往的過程中，牡羊座難免會呈現情緒不好的狀態；因為牡羊座本身的脾氣，就是比較「急性子」，說不定是因為一時心情不佳而引起，也有可能是和朋友之間的看法不同；但都是「來得快，去得也快」。

不過，牡羊座的他，脾氣是一發就過了，但如果對方是個很容易把情緒放在心裡的星座，相信他這個舉動，已經「傷害」到兩人之間的友誼了；因此，請牡羊座在發作之前，要三思而後行。

在朋友當中，他的果斷力一流，決定事情的魄力也是沒話說的。因此，很容易成為團體之中的頭頭，多數和他在一起的朋友們，其實都能習慣牡羊座的表現方式，不會和牡羊座有什麼衝突。

每個人和朋友相處，都是貴在真誠，也就是真心相待的交往，這樣才能有長久的友誼。

牡羊座與12星座朋友的關係

面對牡羊座♈的朋友

兩人在成為好朋友之後，一定會變得肝膽相照。因為，牡羊座的個性是「直腸子」，今天咱們成了好朋友，當然為了朋友「兩肋插刀」。只不過在這裡要告訴牡羊座，雖然說對朋友好是他的天性，可是防人之心不可無。當然啦！兩人的個性相近，通常對很多事情的看法都一致，所以會有著相當程度的默契。但是兩人的脾氣都不算太好，所以，在言語不和時，要彼此節制一下。

面對金牛座♉的朋友

牡羊座的個性很急，做事也快、思考也快，當然連講話的速度也夠快，不論是正看反看、上看下看，都是屬於急性子。而金牛座是個思考比較謹慎、行為保守的星座。金牛座的行動力和牡羊座比起來比較慢，而且在決定事情上動作也慢半拍。

所以當牡羊座和金牛座交朋友的時候，很有可能由牡羊座成為金牛座的指導，牡羊座自然會催促金牛座，在這友誼關係中，基本上金牛座比較能包容牡羊座，可是金牛座鬧起脾氣的時候，可是不得了的！所以牡羊座要學會跟金牛座互相包容才行。

面對雙子座♊的朋友

雙子座腦子轉得很快、點子又多，和牡羊座在基本上是可以成為好朋友的，因為他們雙方聊得來，這是首要的第一點。可是以脾氣來說，牡羊座是稍微火爆了點，這點讓雙子座這個脾氣不錯的人，有時會受不了。不過對雙子座來說，這倒是算不了什麼，因為雙子座本身的ＥＱ很好，一定會有調解牡羊座的辦法。

只是當牡羊座太過分的時候，雙子座也不見得會容忍到底，在忍無可忍的時候，就是累積所有的憤怒一次爆發，牡羊座要小心謹慎維持友誼，別讓事情鬧到不可收拾。

面對巨蟹座♋的朋友

巨蟹座是個比較「悶」的星座，通常都是有話放心裡，不會說出來。而牡羊座則是藏不住話，更不會有情緒不發洩。因此，當這兩人是朋友的時候，將會看到牡羊座不停的講話，還加上比手劃腳；而巨蟹座是不停的點頭，只有乖乖當聽眾的份。

所以，這個朋友的組合，是以牡羊座為主。只不過，他一定要盡量去開導巨蟹座的情緒，希望他不要有話不說，否則可能很快的友誼就會有問題，如果彼此是很好的朋友，只因缺乏溝通而失去友誼，就太不值得了。

面對獅子座♌的朋友

牡羊座和獅子座兩人在脾氣個性上都很接近，也可以說，獅子座比牡羊座更愛面子，更不能讓別人講他的不好。因此在基本的相處上，兩人算是有默契的一組。

不過，由於兩人都愛面子，因此當發生爭執的時候，也很有可能會因為覺得沒面子而拉不下臉，沒人願意去做當一個站出來道歉的人，而失去溝通的契機。因此牡羊座和獅子座的交往，只要以彼此的基本個性來相處就好了。

面對處女座♍的朋友

牡羊座個性大剌剌，做事也比較粗心，不拘小節。而處女座小心謹慎，因此，當他們成為好朋友的時候，很容易溝通與互相理解，彼此之間的個性互補，能在平常相處上互相扶持。

可是如果兩人彼此認識不深，那可能會互看不順眼的哦！因此，在想當朋友的時候，彼此能先多多做好溝通，才不會在友誼剛開始萌芽就有了阻礙。友誼指數要細細呵護並且加以提升。

面對天秤座♎的朋友

天秤座是一個能和每個星座成為好朋友的人，因為他個性比較溫和，也能和人天南地北的聊天，天秤座能不分彼此的和對方相處融洽。而牡羊座其實很像個孩子，個性天真，只是脾氣比較不好而已，可是在這件事情上，天秤座是不會計較的，反倒是可以時時安撫牡羊座的情緒。

牡羊座是一個充滿理想抱負的星座，常常會口若懸河的把自己的想法說出來，而天秤座最擅長的，就是會主動和自己的另一半或親朋好友聊天，讓他們感覺好像找到知音一般，兩人可以成為不錯的朋友。

面對天蠍座♏的朋友

天蠍座是一個比較「黑暗面」的星座，常常是有話放心裡，比較不會說出來。和如同孩子般的牡羊座比起來，天蠍座幾乎什麼事都放在心裡，牡羊座的一舉一動，似乎都逃不過天蠍座的眼睛。這種個性是會讓牡羊座感到害怕的。

因此，當牡羊座碰上天蠍座，那可是會帶著防備的心，牡羊座碰到天蠍座就沒轍了。其實天蠍座常常可以給牡羊座一些很好的建議，牡羊座不妨靜下心來聽聽看。

面對射手座♐的朋友

雖然牡羊座和射手座同屬火象星座，兩者脾氣都不算太好，不過，基本的相處默契卻不錯。但是牡羊座和射手座還是有一些不一樣，牡羊座是個喜歡人家來「捧」的人，又比較好面子；而偏偏射手座有很「實在」的個性，常常是有話就會說，不會掩飾。

而且因為射手座太實在了，有時真的不給牡羊座留點面子，讓牡羊座有罩不住的感覺，這很傷牡羊座的自尊心哦！射手座一定要注意這一點，別太過於實話實說，牡羊座希望得到別人的讚美，要記住哦！

面對魔羯座♑的朋友

牡羊座和魔羯座都是對朋友很好的，只是牡羊座會大方熱烈表示自己的熱情，讓朋友感受到自己的關心，而魔羯座則是屬於默默付出的類型，總是私下關心朋友，當朋友有需要時，一定會馬上出現，真是讓朋友暖在心裡。

終究牡羊座是一個比較活潑外向的個性，可能對魔羯座這個悶著認真做的星座，會覺得魔羯座真是太安靜了，應該要活潑一點，而嘗試去改變魔羯座。而魔羯座也可以跟牡羊座溝通，讓牡羊座稍微穩重一點，兩個人採取互補的互動會不錯哦！

面對水瓶座♒的朋友

水瓶座的想法和常人不太相同的，而且有很多稀奇古怪的點子；這樣滿能吸引牡羊座的朋友，而且牡羊座是個很愛講話溝通的星座，兩個人在一起，自然會話題不斷。所以這對朋友，實在很能聊！天南地北說不完。

但是牡羊座是比較有個性及想法的，比較有衝勁。水瓶座卻很淡泊，因此牡羊座和水瓶座在某些話題上是可以聊聊，也能有所共鳴，但是在面對一些人生目標的看法上，水瓶座就不夠積極了，兩人可以嘗試互相鼓勵一下。

面對雙魚座♓的朋友

雙魚座有如「海綿」般，別人有任何的情緒、任何不滿，都可以和雙魚座好好談談，雙魚座都能耐著性子去聽。因此牡羊座和雙魚座在交朋友當中，牡羊座那種霸氣又想當老大的心態，在和雙魚座相處時，絕對可以讓牡羊座有當老大的氣派。

只是有時牡羊座會認為雙魚座沒什麼個性。因此，偶爾雙魚座也應該表現出一些能展現個人風格的行動力，不要讓牡羊座每次在雙魚座面前都一副老大的樣子，要互相尊重啊！~❤

Taurus

Chapter02

金牛座

★

金牛座的人生觀

金牛座其實是很好辨別的星座，顧名思義，就知道他是一個勤奮、務實的星座，外表也給別人這種感覺。

不要忽略金牛座的牛脾氣，他一旦發作起來，是無法收拾的，「牛」是難得發一次脾氣的，沒事千萬別去招惹他，除非有把握說服生氣的金牛座，否則不要冒險。

金牛座也是安於家庭及工作的人，不會有焦躁不安的情緒，因為金牛座向來沉穩，生活也是樸實、謙虛，金牛座喜歡群居生活。絕大多數的金牛座在做任何決定時，都是考慮再三才會下決定，不會有倉促做事的時候。

金牛座除了沉穩的個性之外，缺點就是固執而不知變通，一件事情在他認為這樣沒錯，就不會有所更改。因為他認為對的就是對的，不需要改，想改變這隻「牛」是很困難的。

另外，金牛座還有個優點，就是不易被困難擊倒，任何困難降臨，只會增加他堅毅不拔的毅力，更有面對挑戰的勇氣。

金牛座的人看起來很穩重，但是在面對感情時卻是很投入的，而且會為另一半做任何犧牲。因為金牛座對感情是專一的，不容許有任何不專情的可能。雖然他在追求感情時並不是很活潑，不過卻是認真又實際，不會給人虛華的感覺，金牛座是穩重、有安全感的人。

身為金牛座的情人是很幸福的，金牛座會很早就把生活計畫好，根本不用他人操心，尤其在經濟方面，金牛座一定會做到讓人不會有顧慮的。

其實金牛座很有自制力，不會隨便亂發脾氣，對事情會很慎重、仔細把它完成，基本上是個努力的星座。

金牛座的家庭觀

金牛座是一個顧家的星座，有著土象星座的傳統個性，但似乎又太過於保守固執。因此可以在基本個性上稍微做一些修改，那麼在這個家庭關係上，會有一番新氣象哦！

金牛座是一個對「家」有依戀的星座，喜歡生活上的享受，譬如在家中煮些美食大家一起吃。金牛座是一個重視「口腹之欲」的星座，如果有哪些美食能抓住他的胃，就會讓金牛座容易有「身材走樣」的危機，這點金牛座自己要小心，可別「吃」過頭了。

金牛座其實也是一個很需要「安全感」的星座，所以在家庭生活中，家人可能會發覺金牛座似乎「占有欲」很強。其實，這是他一種「愛」的表現，只不過要看「愛」是用什麼方式表現。怎麼樣讓金牛座在「愛」的方面有強烈的安全感？金牛座本身也要努力讓家人知道自己很愛他們。

面對牡羊座♈的家人

牡羊座的家人是脾氣比較「衝」一點而已，基本上還算是很好相處的。牡羊座反應快、講話快，說穿了是什麼都快；可是呢？偏偏這個金牛座是個「慢郎中」，所以在兩人的相處上，可能彼此要有「相處默契」，也就是金牛座多忍耐牡羊座的快人快語加快動作了。

牡羊座可以嘗試去影響慢動作的金牛座，讓他加快思考和「前進力」，那麼相信住在同一個屋簷下，遲早會有改變的一天。

面對金牛座♉的家人

同樣是金牛座的兩人，其實會有某些生活上的默契，也就是有相同的個性和脾氣。不過，脾氣上都有些固執，也就是日常生活的相處上，必須要彼此建立「共識」。還好兩人共屬金牛座，金牛座是一個「愛家」的星座，對於家人的付出，從來都不吝嗇，只要是對「家」好的，兩人都會盡量去做，這是不容置疑的。

因此這兩人的相處，在基本上是不衝突的，只是某些時候的想法，可能會鑽進「牛角尖」，彼此都需要常常做思想上的「改造」。

面對雙子座♊的家人

金牛座和雙子座在基本習性及個性上完全不同，差異真的很大。雙子座很靈活，會隨著時間的改變去修正自己，在生活習慣上，也是很隨性的星座。金牛座就不同了，是個一板一眼過生活的人，尤其在「根深蒂固」的家庭觀念是很難改變他的。

由於如此，在雙子座看來，金牛座是一個很需要改造的星座，所以他們兩人的生活其實是很有意思的。因為金牛座會去改變有點「不專心」的雙子座，而雙子座會想改變固執的金牛座。不過，兩人往往都會產生「力不從心」的感覺。

面對巨蟹座♋的家人

巨蟹座和金牛座都是對「家」有依戀的星座。只是金牛座可能會對「家」中的每一份子，甚至每一樣東西都很在意，很用心去愛護。而巨蟹座是跟媽媽的關係比較好，會想待在家裡，卻不一定是很「愛」家，因為巨蟹座常會在面對挫折或問題時躲起來而不出門。因此，分屬金牛座和巨蟹座的兩個家人，在家裡碰面的機會還滿多，只是「講話次數」似乎不多，因為彼此都屬內斂的人，知心交談或許需要在某種氣氛下才可能發生吧！

面對獅子座♌的家人

獅子座的人無論在什麼場所或時間，甚至在家裡，都想要有「亮眼」的需求，要別人注意。因此難免會給人比較有些不好相處的感覺。因為金牛座是比較有規矩的個性，想法和做法也是有條有理，總認為獅子座似乎不太為別人著想。所以兩人在日常相處上總是有些磨擦，不過大家一起生活，金牛座是很會替家人著想的星座，而獅子座也常能為家人帶來歡樂。不要老是太尖銳的對立，自然可以改善彼此的關係。

面對處女座♍的家人

處女座是比較小心謹慎的個性，可能會給人有些囉嗦的感覺，但卻滿能適應環境做一些改變，而金牛座是守著自己的規矩來做事，沒什麼特別的改變或想法。其實在基本上兩人滿能配合，而且在某些觀念上是滿相近，只是兩人都有著自己堅持的那一個點，屬於個性中的固執，各有各自的想法。

在日常生活上，兩人對「責任」的看法是相同的，只是對於同屬土象星座的他們，可能更重要的是如何把心裡的話說出來吧！

面對天秤座♎的家人

對於天生懂得生活情調的天秤座來說，天底下沒有什麼了不起的大事，凡事尋求和諧完美，何況是生活在同一個家庭，大家都是一家人了，沒有不能解決的事。

金牛座是個比較不會轉彎的星座，但他對家人的好，大家都知道。因此，這兩人的相處，就是以天秤座的和諧，來改變稍微固執的金牛座，整個關係看起來還不錯，不會有什麼緊張的狀態。其實天秤座是很能和人聊天的，不如多來開導金牛座吧！如此會讓家庭生活更和諧。

面對天蠍座♏的家人

對金牛座來說，天蠍座是個不好了解的人；因為天蠍座本身比較自我中心，很有自己的見解，是一個不願意讓人探知自己心意的人，可能連最親近的人，都無法了解他心裡在想什麼。因此，金牛座當然更搞不清楚天蠍座了。

金牛座是個比較「直」的人，不太會拐彎抹角，不像天蠍座心事總放在心裡。因此這兩人的相處上，需要「耐心及默契」的培養。以天蠍座的小心個性，很少有事情可以逃過他的法眼，有困難大都能解決，金牛座不妨多和天蠍座學習。

面對射手座♐的家人

射手座的個性就是很直接，有事好說，沒什麼大不了的，而且不會是那種耍陰來暗的人。在整個家庭關係中，滿能和金牛座相處的哦！金牛座是個比較實在的星座，直來直往，對家裡又滿照顧，只不過有時候金牛座容易鑽進「牛角尖」，這是他個性上的關係，難免有時會固執一點。

此時，家人開朗之源頭的射手座，似乎就應該要盡量去開導金牛座，讓金牛座不要太鑽「牛角尖」，那麼就可以生活得比較愉快，家庭生活也會比較開心。

面對魔羯座♑的家人

魔羯座和金牛座是同屬土象星座的人，自然也都有執著的努力，對於「家」都是很照顧的。但這兩人的組合，很可能在「溝通」上會有一些困難，因為都不願意把話說出口，因此，金牛座和魔羯座的相處，要有紓解情緒的方式，否則兩人常常是話沒講兩三句，就談不下去了。多用一點活潑的心情，會讓生活更愉快，金牛座和魔羯座最需要的就是學會「放鬆」。

面對水瓶座♒的家人

水瓶座很會在日常生活中，找尋自己的生活樂趣，日子喜歡過得不緊張，並且悠閒，這點是金牛座要多學習的地方。因為金牛座是屬於生活態度比較緊繃的星座，在生活中有著太多的責任和義務，會讓金牛座無法真正的輕鬆放下過生活；當然，也可以說是金牛座比較有責任感。

因此和金牛座一起的水瓶座家人，就必須盡量去改善金牛座的情緒，讓他不要生活過得那麼緊張，放輕鬆一點，對於自己的家庭生活也會有比較正面的影響。

面對雙魚座♓的家人

雙魚座是最會包容別人的星座，不論對待家人、同學、同事都有一顆包容的心。因此，有時難免會有點固執的金牛座，雙魚座也能用著體諒的心去關懷他，尤其金牛座是很愛「家」的，喜歡待在家裡，有了雙魚座的體貼關心，更能溫暖金牛座了。

不過，雙魚座本身的情緒也是很敏感的，金牛座必須要適時給雙魚座一些愛和關懷，不要忽略雙魚座也有情緒，如此一來，相信在日常生活上會有更多體諒和默契。

金牛座的交友觀

金牛座對朋友是很忠實的，會很用心去對待。本來金牛座就是一個讓人很有「安全感」的星座，所以在朋友的眼中，金牛座是值得信賴的人，不會有什麼過於驚人的舉動。因此和金牛座在一起，就有一種本本份份過日子的感覺，絕對不會有什麼冒險的事。安定、穩固是金牛座的自我要求。當金牛座的朋友，千萬別在金牛座面前提什麼嚇人的建議，或是在金錢上做什麼大膽的投資，這都是金牛座不能接受的。

金牛座是個有規劃的星座，任何事都能在規律的情況下，一件一件完全做好。和朋友的交往，也一定是真誠以待，甚至朋友們會在交往之後，發現這個朋友交往越久，就好像越了解自己，很多事情都會替他預先想好。常常有人說，和金牛座談到感情，只要彼此穩固、確定了，就能發覺金牛座的浪漫，真的是一點都不假。

金牛座與12星座朋友的關係

面對牡羊座♈的朋友

牡羊座朋友脾氣比較強勢一點，個性也比較急性子；因此，當金牛座的他和牡羊座交朋友的時候，可能要讓著牡羊座。因為朋友之間嘛！本來就是要互相體諒。更何況，牡羊座是個很有氣魄的人，為了好朋友「兩肋插刀」都沒問題的哦！只是金牛座會覺得牡羊座做事有欠思考，要多加耐性；而牡羊座會覺得金牛座動作慢了點，太過保守，所以要再開朗一些。

面對金牛座♉的朋友

同屬金牛座的兩人交朋友，對彼此的習性都很了解。第一：脾氣都比較「拗」一點；第二：對事情的看法也比較「執著」；第三：當然也會對對方非常好。不過，總是在朋友交往的過程中，會有一些「爭執」吧！

既然是好朋友，就要學會互相體諒，這樣才叫做「好朋友」嘛！更加上同樣是「金牛座」，都很能為朋友著想，只要兩人不要執著於同一個「點」上，走出不來那就ＯＫ了，更何況凡事本來就要「多溝通」。

面對雙子座♊的朋友

靈活多變的雙子座，碰上穩重的金牛座，有時候真會覺得啼笑皆非哦！因為金牛座常常是決定了的事，就很難再去更改，就算金牛座突然覺得，現在似乎應該是改成這樣比較好，可是在已經決定的計畫，金牛座不會去靈活應變。雙子座就不同了，常常不停的在轉換自己的看法與角度。

因此，當金牛座遇上雙子座的時候，不妨多多增添自己的靈活度。其實認識越多活潑的朋友，越能讓自己在團體生活中游刃有餘哦！

面對巨蟹座♋的朋友

巨蟹座是一個很容易把「心事」放在心裡的星座，因此，和金牛座兩人成為朋友的時候，非常容易成為「莫逆之交」哦！因為平常兩人都把話放在心裡。當有一天，兩人真的交上朋友，很可能是因為在那天突然兩人情緒都不太好。然後開始把心裡話都說出來，越聊越投機，而成了一生相互傾吐心事的好朋友。

因為對巨蟹來說，要信任一個人很不容易，必須十足相信對方，而對金牛座來說：朋友是很重要的，當然要真心相待。所以巨蟹座和金牛座能在長久的默契中，培養出深刻的友情。

面對獅子座♌的朋友

基本上，獅子座比較難和金牛座成為好朋友。因為，獅子座喜歡用的「溝通方式」是屬於比較「快速迅捷」的方法；偏偏金牛座是屬於「慢動作重播」型的，很可能會彼此互看不順眼。金牛座是那種一項一項來，凡事不要急的個性。

獅子座比較急性子，什麼事都要趕快做，別在那裡拖拖拉拉。光這樣看來，就知道兩人不太合，只是朋友之間，本來就是站在互相體諒的立場，能成為好朋友是緣份啊！

面對處女座♍的朋友

處女座和金牛座同是土象星座，在面對很多事情的時候，都有著相同的看法。只是金牛座的脾氣比較倔一點，有時會發生講不通的狀況；當然處女座的評價，也不會比金牛座好到那裡。因為處女座很愛挑剔，問題又比較多，這也是眾所皆知的。

金牛座和處女座交朋友，其實很能互相體諒對方，這是一種很實在的感覺，是朋友之間真心誠意的對待。

面對天秤座♎的朋友

天秤座是個不給自己壓力的星座，而且深愛有美感且優雅的生活；因此總會給人一種淡淡之交的感覺，這會讓比較實在的金牛座有點「不夠真實」的感覺。不過天秤座倒是可以讓金牛座有著比較「輕鬆的人生觀」，不要讓日子過得太辛苦。

其實，這兩人的友誼，是屬於精神上的交流，天秤座可以讓金牛座學著一起過著優雅的生活，而金牛座可以讓天秤座比較「認真一點」，不論是工作或生活上，他們之間是可以彼此互補的。

面對天蠍座♏的朋友

金牛座就是一個「直腸子」，凡事認真又積極，屬於「陽光型」的星座；而天蠍座是比較注重「思考型」的星座，甚至想得非常仔細。由此可以看出，金牛座和天蠍座是屬於兩種不同思考行為的類型；因此當兩人交朋友時，可能就會呈現比較表面的互動行為。

因為金牛座要去了解天蠍座，是個很費時的工程。不過交朋友本來就是要用心去交往，相信真誠以待的友誼，是可以提升彼此之間的心靈交流。

面對射手座♐的朋友

射手座是很活潑善言的星座。因此，金牛座很能和射手座有共同的默契，這默契是因為射手座是個很會自己排解情緒的星座，又愛講話，很少會把問題放在自己心裡。那麼，比較不愛講話的金牛座，是會被射手座帶動起來的！

射手座能去體諒金牛座，因為他們比較不會把話放心裡，其實這種情況對金牛座比較好，射手座總是能夠包容金牛座啦！

面對魔羯座♑的朋友

這個組合存在著「安靜」的兩個人。因為，魔羯座是比金牛座還安靜的星座。但是大家不用擔心，在面對生活和工作上的態度時，金牛座和魔羯座是有著相同看法的，所以基本上的「默契」很不錯。

金牛座和魔羯座的生活態度非常「認真」，兩人似乎都太一本正經了，需要放輕鬆一點。兩人之間可以互相砥礪，說不定會有更好的「友誼」，同時能夠一起發現生活的樂趣。

面對水瓶座♒的朋友

基本上，水瓶座的生活方式和在工作上的態度，是金牛座比較受不了的，應該說是互相看不順眼！因為，金牛座是個比較實在的人，凡事比較認真，也是按照規矩行事；而水瓶座則是想到什麼就去做什麼，不按牌理出牌的個性，因此，是沒辦法和金牛座放在一起的星座。

對金牛座來說，就是一個「挑戰」，對於凡事皆照著計畫規矩來的金牛座，突如其來的意外之舉，往往比較無法適應。因此，兩人在相處上是需要時間去培養默契的。

面對雙魚座♓的朋友

雙魚座可以當任何人的朋友，這是大家都知道的。因為脾氣好、又善於聽別人講話，幾乎可以成為別人的心情垃圾筒；有時也像是一塊海綿，專門吸收別人的情緒。再加上，金牛座比較需要有耐心的朋友在身邊，可以常常幫忙開導，甚至是安慰，所以雙魚座真是金牛座的好朋友。

只是有時雙魚座可能也會情緒不穩定（雙魚座本身就是情緒多變的人），這時金牛座就要適時去體貼雙魚座，互相關懷體諒才是彼此的生命重點。~♥

Gmini

Chapter03

雙子座

★

雙子座的人生觀

雙子座定性不夠，他可以在很多人的場合高談闊論，有時候又一言不發只聽別人講，這就是雙子座，不要懷疑。因此可以發現他時而聒噪、時而安靜的個性。

雙子座做事動作俐落，又節省時間，而且可以同時完成很多項工作。可能是有著「雙重人格」所致，也就是他有著兩個人的精力，因此動作神、準、快。

雙子座給人表面的感覺是聰敏、機智、有幽默感，因此常常都是眾人的焦點，但由於沒有耐心，而錯失很多機會及該把握的事物，雙子座只要有多一點耐心及恆心，就能保有更多珍貴的東西。

雙子座在人越多的場合越會表現，因此，將會是所有目光的焦點。他能讓每個人都覺得參與在其中，而且無法不被吸引；但是如果愛上雙子座的話，可是要有心理準備，因為雙子座是個不好駕馭的另一半，他太活潑外向了，要當雙子座的另一半，就必須跟他一起應酬、跟他一起面對朋友，他有非常多變的想法和做法，忙不完，不能接受的話，會覺得很痛苦難過。

雙子座有時候會給人不夠忠誠的感覺，但是，如果他有一位聰慧過人、心思靈敏的伴侶，那這樣的感情生活，是會很幸福愉快的，因為雙子本身就聰明。在親子關係中，雙子座也很能與子女親密友善，很開朗文明，因此親子關係會很和樂。

雙子座的口才是一流的，他機警又友好口才，因此當他想達成一件事，或完成一件工作，完全不費吹灰之力，如果要用到說服術的話，那更是輕而易舉，完全不用擔心。

雙子座の的家庭觀

雙子座是一個很要求「自我自由空間」的星座，因此，就算在面對家人的時候，也不會放棄要有一個屬於「自己的場域」。不論是心靈上或是實際生活上，一定要有自己的「生存角落」。

雙子座和家人的關係不夠親密，但這是雙子座本來的個性，並不是他不關心家人，而是本身就很獨立，與家人的關係，希望是很知性、感性的一種理想境界。

雖然雙子座是個重視自我生活的星座，可是對於和親戚之間的交往，可是很活絡的哦！這是雙子座的天性，在遇到親朋好友時，很會「哈啦」、「打屁」，大夥都認為他是個很好相處的人。說真的，好相處也是實在的啦！只是當只有和家人在一起時，有時不想講話，需要獨立思考時，會安安靜靜的自己躲到一旁，這時最好別人也不要打擾他。

家中的對外關係，可以交由雙子座去對外交際，對內就交由其他家人，這樣會比較好。

面對牡羊座♈的家人

通常雙子座是不太會發脾氣，但一發起脾氣來，就很嚇人！在和牡羊座相處時，靈活多變的雙子座會讓著牡羊座，一方面不願意有什麼不愉快，另一方面雙子座本身是比較無所謂的個性，兩者的相處，反倒像是「井水不犯河水」，簡直就是「君子之交」哦！

不過，家中有個雙子座成員是很不錯的，會有很多的資訊不停釋放出來，而能讓大家一起參與是很好的，可以共同吸收新的資訊，保持高度成長的活潑心態。

面對金牛座♉的家人

金牛座的個性是屬於穩重型的人。因此，對於雙子座的活潑靈活是很欣賞的，希望能多從雙子座那裡學習到更多的新知識。

重視自我休閒及生活品質的雙子座，通常都不會給自己壓力，這是金牛座的家人羨慕的，好像雙子座永遠都在自己的計畫之中進行。其實，只是雙子座不願讓日子過得太辛苦而已，要說雙子座多會計畫自己的生活，那可就錯了哦！說「隨性」比較恰當，他是輕鬆面對人生。

面對雙子座♊的家人

同屬雙子座的兩人，在面對家庭生活時，當然會很多采多姿，不過，他們彼此的「善變」，也是會讓人受不了的，對於這點，可能是無法避免的啦！因為，雙子座本來就是這種個性，想要他有什麼改變，或為了什麼人而改變都是有點困難，因為雙子座永遠會以自己最舒適為首要需求。

不過，家中會常保歡笑，家人可以擁有快樂的「家庭氣氛」，甚至在家都能學習到很多別人所不知道的知識。

面對巨蟹座♋的家人

巨蟹座是一個將情緒放在心裡的星座，而且自己的情緒，似乎也總是起起伏伏的。雙子座是一個很自在過生活的人，更不會讓情緒去影響到自己的作息。

因此，雖說雙子座很樂觀，仍舊是會帶動巨蟹座，讓巨蟹座不要總是把情緒悶在心裡，雙子座一定要讓巨蟹座開朗一點，這樣全家的感情才會比較好。雙子座是不會去計較什麼的，因此，要多學著當開導家人的那個人。

面對獅子座♌的家人

獅子座原本就是個很「臭屁」的人，想也知道，在家一定是希望家人以自己為中心；而雙子座很愛講話，也很會發表自己的意見。因此在雙子座和獅子座的家人組合中，日常生活上的聊天啦、抬槓啦，這些都是小意思，能增進家人間的感情。

不過，脾氣比較溫和的雙子座，有時候會看不慣獅子座，因為獅子座是一個比較「霸道」的星座，總是會有些想當「老大」的舉動，而雙子座會認為同是一家人，應該互相尊重，這是一個雙方需要溝通的重點。

面對處女座♍的家人

一個家庭裡，若有處女座的成員是不錯的事情，為什麼要這樣說呢？因為處女座是一個很有自我紀律的星座，對於家中的秩序及整齊、清潔很會維持；同屬一家之成員的雙子座就很輕鬆了，因為雙子座基本上是一個生活有秩序的星座，剛好可以與處女座互相督促。

雙子座算是一個不太有脾氣的星座，還滿隨性的。因此在與很愛管教他人的處女座相處之下，並不會有什麼衝突。因為雙子座總是馬馬虎虎的嘛！

面對天秤座♎的家人

在這個家庭中，雙子座和天秤座是很談得來的兩人。因為，雙子座和天秤座本來就是很擅長聊天的星座，加上雙子座和天秤座的看法又很接近，自然而然，兩人心靈上會有默契，這是因為雙子座和天秤座的基本個性，很相近的緣故。

可是在其他家人眼中，雙子座和天秤座兩人，是比較「會說不會做」的一對，道理都說得頭頭是道，該怎麼做也都知道，問題就在他們兩人的實際行動力比較差，因此要多加油啊！

面對天蠍座♏的家人

雙子座和天蠍座，同樣有著靈活多變的頭腦。只是雙子座比較外向活潑，有話不會藏在心裡，有事直說，比較沒心眼。但是天蠍座就不一樣了，什麼事都放在心裡，還會想得很多，因此總給人「陰暗」的感覺。相形之下，雙子座是比較「陽光」的星座。

當然，有雙子座和天蠍座的人，家中的新行頭一定不會少。但雙子座和天蠍座常常像是在「鬥智」一般，不過記住別傷了感情。

面對射手座♐的家人

雙子座是理論派，大家不容否認，可是遇上對手射手座，他更是「口頭上的理論派」。兩人如果碰在一起，那可真是「頭頭是道」，好像什麼事交到他們手上，絕對沒有問題。實際上呢？雙子座和射手座的確知道要怎麼做，就是沒有實際行動力而已。

因此，對於雙子座和射手座，需要一些鞭策力，這樣能提高效率，也不會淪於「光說不練」的地步，更有助於家人感情的增進。

面對魔羯座♑的家人

同一個屋簷之下，雙子座和魔羯座兩人，基本上屬於不同派別，都有自己的克制力。應該是說，都滿能扮演好自己在家中的角色。

原本魔羯座就是一個從小就守規矩的人，很懂得應對進退之間的道理，加上他是個不多話的星座，所以總給人默默努力的感覺，相對看來，雙子座是比較調皮外向的星座。因為魔羯座很能包容家人，對於家的愛護是不會少的，雙子座就盡量帶動家中活潑的氣氛吧！

面對水瓶座♒的家人

雙子座和水瓶座基本的想法上很接近。所以身為家中成員的兩人，在某些方面是有行為及思想上的默契，這樣的家庭生活是比較知性和感性。

當然，在另一方面來說，有時家庭生活太過沉悶的話，雙子座和水瓶座是會受不了的，他們一定會努力創造出一個讓家人喜歡的環境。

不過，衝突是難免啦！完全看狀況是怎樣，要如何處理，在這一點上，雙子座和水瓶座是很會協調的。

雙子座對每個人都很好，對家人當然更好，更何況大家同在一個屋簷下，當然要好好照顧家人。

面對雙魚座♓的家人

對雙子座來說，雙魚座是一個情緒太豐富的星座，常常需要別人安慰和鼓勵。在這一點，雙子座一定要常常陪他哦！不然雙魚座會心情不好，很讓人心疼。

其實，不論是雙子座或雙魚座，他們的脾氣都不錯，所以不要太強求了，大家和睦相處，就會成為和樂的家庭。

雙子座的交友觀

雙子座很會和人天南地北的聊天，自然朋友很多，可是雙子座卻是一個不見得會和人深交的星座。平常怎麼聊都可以，可是聊完了，就各自閃人，不需要什麼十八相送，或是聊個沒完沒了，所謂「君子之交淡如水」，就是這樣啊！

對雙子座來說，不論是什麼樣的事情或是人與物，都能引起他的興趣，可是僅限於粗略的了解。對雙子座來說，凡事不需要太深入的探討，只要粗淺了解，能和大夥聊得起來就不錯了，何必一定要知道這麼多，又不是要當博士！

通常，會和雙子座交朋友的人，幾乎都是因為雙子座的好口才、反應快所吸引，而且能從雙子座那裡得到自己想知道的資訊，甚至得到更多。當然，對雙子座來說，能認識新朋友也很高興。

和雙子座交友，就要常常忍受雙子座的善變，很可能他和你說好了要做什麼，卻又臨時改變，這對雙子座來說是常常發生的事，習慣就好。

總之雙子座是個很有自己想法，又兼具有現代感的星座，凡事都有自己的主見。

雙子座與12星座朋友的關係

面對牡羊座♈的朋友

雙子座的腦子動得特別快、點子又多，和牡羊座可以成為好朋友，聊得來是他們首要的一點。可是以脾氣來說，牡羊座是比較火爆一點，這一點讓雙子座這個脾氣滿不錯的人有時也會受不了。不過對雙子座來說，因為本身的EQ很好，所以沒什麼大不了的，凡事何必那麼大驚小怪，還亂發脾氣呢？雙子座一定會有安撫牡羊座的辦法。

但是當牡羊座太過分的時候，雙子座也不見得會容忍，一定會一針見血的指出錯誤之處，只是通常會在忍無可忍的時候，雙子座才會這樣。

面對金牛座♉的朋友

靈活外向的雙子座，遇上穩重的金牛座，有時候真的會覺得啼笑皆非哦！因為金牛座常常是決定的事，就很難再去更改，但雙子座就不同了，常常不停在轉換自己的看法角度，總是很靈活的改變自己。

因此，當金牛座和雙子座交朋友的時候，不妨多多增添自己的靈活度，會發覺認識越多活潑的朋友，越能讓自己在團體生活中，改變越多。

面對雙子座♊的朋友

同屬雙子座的兩人，想也知道會有很愛說話、愛鬧、愛現的表現。可是不要因為這樣而小看雙子座，以為他沒什麼脾氣，那可就錯了。雙子座很有自己的想法，而且有時候很堅持己見，所以常會看到兩個雙子座在開「辯論大會」，而且思辨的內容很精彩哦！

同樣是兩個雙子座，可不要對對方有太大的期待，通常雙子座是不會讓自己陷於太深的「感情」當中，而有所牽掛的，而這包括了友情、愛情呢！由此可知，感覺同屬雙子座的兩人，都喜歡平順而且有點淡定的生活。

面對巨蟹座♋的朋友

巨蟹座比較會把心事放在心裡，讓雙子座有時真是受不了。因為雙子座是一個既然兩人是朋友，那麼就應該有話就說，不要總是話說一半，欲言又止。雙子座是比較「乾脆」的個性，總希望不論做什麼事，就一次做完，不要拖泥帶水的。

不過，巨蟹座也滿能和雙子座聊的，只要不去探視巨蟹座的內心祕密，讓他安心撤去防線，就很能和雙子座聊了。

面對獅子座♌的朋友

獅子座是一個具有霸氣的星座，當然不論在各個方面的表現，都是要出風頭的那個人，而且要以自己為中心哦！雙子座可以和各個星座聊天，只是聊得深或聊得淺而已。以雙子座的個性，其實也不會給別人什麼難堪，尤其獅子座原本就比較「老大」，一定有很多人會看不過去，而發生口角。可是雙子座不會，反正是見人說人話，見鬼說鬼話，懂得自己的分寸在那裡，不會有什麼逾越的地方。

面對處女座♍的朋友

同屬有水星在守護的雙子座和處女座，很能吸收各方面新知識，可以天南地北聊不完。不過兩人在生活習慣上很不相同，雙子座是什麼都好說，也很好講話，不挑剔更不囉嗦。

可是處女座就不同了，他是出了名的挑剔，甚至很多方面是出了名的難搞。所以當雙子座碰上處女座的時候，大部分都是雙子座會比較禮讓那個「不好侍候的處女座」，但兩人的腦筋卻是一流的，在這方面兩人很有默契。

♊面對天秤座♎的朋友

同屬「風象星座」的雙子座和天秤座，其實在感覺上很接近，都有讓人喜歡接近的感覺。不論是雙子座或天秤座，都認為快樂就好，認為這個世界上沒有什麼難題，只要用平常心就能把每件事好好解決。

在待人接物方面，雙子座和天秤座的表現，基本上都是不太計較、很能幫助別人。給人的感覺都是脾氣不錯，本身兩人也滿談得來，能在沒有壓力的狀態下相處和諧。

♊面對天蠍座♏的朋友

天蠍座總是給人一種不太好相處的感覺，因為他總會讓人覺得，是個很有頭腦，也很有心機的星座。不過，論及頭腦的靈活度，雙子座不見得會比天蠍座差，更何況雙子座很靈活。只是雙子座像個大孩子，很陽光，而天蠍座是那種看在眼裡，卻想在心裡的人，所以會讓人比較摸不透。

雙子座和天蠍座交朋友，是屬於「淺層交往」的型態，並不是會「深入交往」的層次。其實，這也是雙子座的交友特性。

面對射手座♐的朋友

射手座是比較活潑外向的星座，能言又健談，抱負更是一籮筐。而雙子座也是充滿戰略思維的星座。兩人算是一拍即合。

通常雙子座和射手座都不是一般人眼中那種很努力打拚的人，卻是屬於很會放鬆自己的星座。難怪兩個人談得來，也都不會給對方施加壓力，甚至是互相要對方放輕鬆啦！

其實，交朋友嘛！不是在所謂的「利益關係」，而是互相關心為原則！

面對魔羯座♑的朋友

在雙子座的眼中，魔羯座是一個認真又努力的星座，好像永遠有做不完的工作，身上永遠有扛不完的責任和義務。因此雙子座會覺得自己和魔羯座交朋友，似乎有一些無形的壓力，這是一種所謂的比較性質，看著別人那麼努力，自己好像有檢討的必要，應該再認真努力一點比較好啊！

有時候，朋友之間的交往，是可以互相往好的方面帶動，當然也有可能是「壞」的，要看怎麼樣來定義自己的立場。

面對水瓶座♒的朋友

這是一對很能在各方面都產生「默契」的組合。因為水瓶座或雙子座都很會吸收「資訊」、很能和大夥聊天的星座。自然兩人一碰面的時候，就能互相產生吸引，互相受對方的博學吸引，可以更進一步的了解，甚至吸收對方的精華。

任何時候、任何地方，不論是雙子座或水瓶座，都不會放棄吸收新知識，這是兩人之間的一個特性，所以很合得來。

面對雙魚座♓的朋友

雙子座可能會覺得雙魚座有時候真的是太懶散，尤其對於學習方面，因此認為雙魚座很有加強學習的必要。可是呢？其實雙魚座脾氣很好，很能和每個人當好朋友，這是雙魚座受歡迎的原因。

因此，當雙子座和雙魚座在一起時，雙子座很能帶領雙魚座，讓雙魚座多吸收一些知識。而雙魚座可以用自己的細心，帶領一向較粗心的雙子座。本來朋友之間就是互補嘛！能彼此互相配合是最好的。~

Cancer

Chapter04

巨蟹座

★

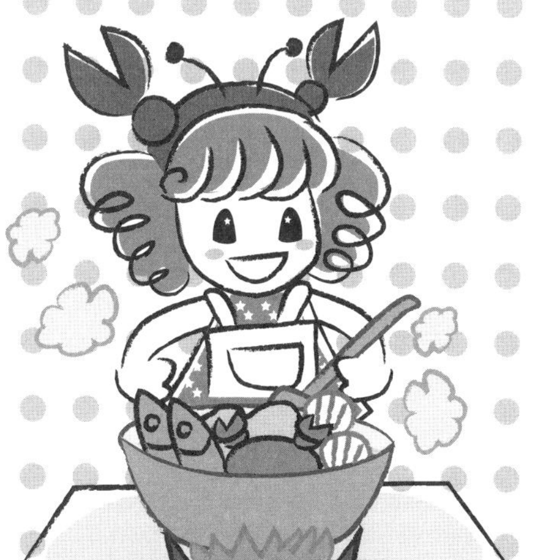

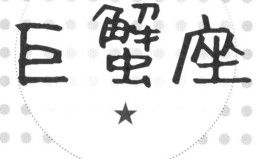

巨蟹座的人生觀

巨蟹座，顧名思義，就是外表有一個堅硬的「螃蟹殼」，而自己躲在殼內，有點「離群索居」的感覺。不過，蟹是家族性的，所以本能上對「家」有強烈的感情，再加上「月亮」是守護星，就更加強了這個特質。所有一切有關巨蟹座的生活、工作、行動，都是以「家」為基點。

他的感情豐富且執著，對家人、朋友都是一樣的。希望在他們身邊的人都能過幸福、快樂又美滿的日子。相反的，在巨蟹座受到挫折打擊時，也希望能在家人、朋友身上得到溫暖及友誼的支持，希望巨蟹座能夠拋開過去的失敗及挫折，重新出發，家人一定永遠支持他的。

巨蟹座是個很容易把祕密放在心底的人，不會讓別人知道，因為他認為別人知道得越少越好，不能讓人一眼就看穿。可是有沒有想過，當祕密太多的時候，對巨蟹座來說，可能就是一種負擔了，無形中會變成一股壓力，壓得他喘不過氣，巨蟹座就會變得更沉默了。

這就是為什麼巨蟹座會讓人產生不容易了解他們的感覺，因為他們有極大的不安全感又怕別人太了解自己，所以會把自己隱藏起來。

巨蟹座的他，知心的朋友不用多，兩、三個就夠了。當他心情不好的時候，一定要告訴他的知心朋友，找他們聊一聊。因為巨蟹座是個較能控制情緒的人，也容易鑽牛角尖，遇到挫折時，心情會很灰暗，最好找到知心好友，他們會給好的建議，可以排解巨蟹座憂鬱的情緒，讓他再度有好心情來面對挑戰。

巨蟹座的家庭觀

巨蟹座的守護星是月亮，由此可知，這是一個非常顧家的星座。巨蟹座顧名思義，會以自己的「蟹殼」為宅，用那個「殼」來照顧在自己羽翼下的小蟹，巨蟹座自認有責任保護家人。

有時候，巨蟹座的他，會太過於保護家人，因為每個人有每個人的長處，總是要讓家人發揮才能，不要限制了全家人的發展。

對家庭氣氛來說，巨蟹座很能製造融洽的溫馨感，讓大家對這個「家」有向心力。其實，一個家庭的維繫本來就不容易，要靠大家的共同努力，才能建立一個「和樂的家庭」。

和巨蟹座談感情時，如何能牢牢抓住他呢？關鍵是一定要給他安全感，給他有家的「溫暖」感覺，相信一定可以感動巨蟹座的。對巨蟹座來說，戀愛是生活的一部分，最終的結局就是要成立「家庭」。

在十二星座中，有兩個星座是比較不可能成為「單身貴族」，就是巨蟹座和魔羯座。因為人生是有計畫、有目標的，要一步步向前行。

面對牡羊座♈的家人

巨蟹座習慣把情緒放在心裡，常常有話不說出口。但是牡羊座的個性很直白，有話直說，不會放在心裡，當然不希望家裡其他的人，有話不說，因為這樣會造成溝通不良的惡性循環，本來每個人有話就要說的嘛！牡羊座一定要把這種歡樂氣氛帶動起來，如此才能讓家裡有良好的互動關係。

其實有心事就該說出來，不要放心上，才不會日子一久，反倒無話可說。在一個家中就是要盡量由主動者帶動被動者，維持家中的歡樂。

面對金牛座♉的家人

巨蟹座和金牛座，都是對「家」有依戀的星座。只是，金牛座可能會對「家」中的每一份子，甚至每一樣用品都很在意，會用心去愛護。而巨蟹座是跟媽媽的關係比較好，會想賴在家裡，很戀家，因為巨蟹座常會在面對挫折或問題時躲起來，最好的辦法就是躲在「家」裡都不要出門。

因此，金牛座和巨蟹座，在家裡碰面的機會很多，但是講話次數似乎很少，因為兩人都屬於內斂的人，知心交談或許需要在某種氣氛下才可以發生吧！

面對雙子座♊的家人

巨蟹座是一個愛把情緒放在心裡的星座，不會說出來，而且自己的情緒似乎也總是「起起伏伏」。雙子座則是一個自在生活的人，更不會讓情緒影響到自己的作息。因此，在雙子座眼中的巨蟹座，似乎比較會「自尋煩惱」。

雖然雙子座很樂觀，會去帶動巨蟹座，讓巨蟹座不要總把「情緒」放在心裡。但巨蟹座本身一定要開朗一些，這樣全家的情緒才會一起被提升。

雙子座是不會計較太多的，因此多和雙子座互動，可讓家中氣氛溫馨和諧。

面對巨蟹座♋的家人

同樣都是巨蟹座的兩人，當然對「家」的付出都是很用心的，而且都能為家庭犧牲奉獻。因此，在巨蟹座對巨蟹座的相處上，是禮讓的生活方式。

只不過，互相之間的溝通才是重點，千萬不要吝於把自己的感受說出來，這樣別的家庭成員，才能知道巨蟹座心裡的想法。如此，家庭生活才能有更好的發展空間。

在巨蟹座對巨蟹座的家庭成員中，外人眼中看來是很好的，很能互相照顧，是感情融洽的家人。

面對獅子座♌的家人

獅子座是個不喜歡麻煩的星座。他很享受人生，而且喜歡凡事首人注目。而對巨蟹座來說那是不同的，他會把心思放在家中。因此，在這個家人組合中，應該是很多決定是以獅子座為主，因為獅子座本身也比較強勢，而巨蟹座為輔。以一個家來說：獅子座是對外，而巨蟹座是對內，這樣的配合也算不錯，只是在某些事情上，可能兩人必須互相溝通配合，要不然會在日常生活出現不一致的表現，說不定爭執都有可能產生，要注意這一點。

面對處女座♍的家人

處女座和巨蟹座對於「家」的感覺是很接近的。因為兩個星座都是比較喜歡待在家裡的星座，不愛向外面跑，能把家裡大大小小的事都做好。

巨蟹座是一個「顧家」的星座，但是比較侷限於精神層面，要他動手去做這做那，好像是不太可能的。而處女座剛好相反，如果在家一定是東做做、西做做，別人則是什麼都不用做。可是要記住一點哦！不參與家事沒關係，可是在處女座做好了之後，可千萬別去弄亂弄髒，否則走著瞧啊！

面對天秤座♎的家人

巨蟹座給大家一種「愛家庭、愛家人」的感覺，朋友對他來說，絕對不會是生活的唯一重心。而天秤座呢？通常是給人感覺和朋友比較好，但如果這麼認為，那就錯了。應該是說，家人和朋友都在同一個天秤上，沒有誰特別重要。

其實，在家庭的相處上，巨蟹座和天秤座還算可以互相包容的，雖然天秤座常會有很多朋友來來往往，但是天秤座本身脾氣不錯，因此能共處一室。

面對天蠍座♏的家人

在一個家庭的成員中若有天蠍座，他一定可以稱得上是這個家庭裡，握有決策力的成員。天蠍座本身很希望能掌握權力，天蠍座也算是顧家的成員，而巨蟹座基本上和天蠍座一樣，同屬水象星座。當然，在心思和想法上也不會差很多，只不過天蠍座比較有權力欲望，而巨蟹座比較有媽咪的味道罷了。

說起來，巨蟹座和天蠍座在家中的相處，都是顧家的一族。

面對射手座♐的家人

巨蟹座的愛家是出名的，雖不見得會表現出來。但是，當和射手座成為一家人時，可能會受不了射手座那種疏離感，會覺得射手座怎麼對這個家沒什麼照顧，幾乎是在外面玩到瘋了累了，才回家休息，因為家是射手座的休息站。

在巨蟹座和射手座的相處上，一定是巨蟹座想得比較多。因為站在關心家人的立場上，射手座是比較外向的個性，似乎比較不懂得去關心家人，這可能也是射手座必要學習和家人相處的課題。怎麼適時表達關心，多多和巨蟹座聊聊，一定能有一番心得。

面對魔羯座♑的家人

魔羯座是一個很有責任感的星座，雖說對家庭，不見得有十分深厚的感情，在責任的驅使下，絕對是一個最認真負責任的人。

同屬一家人，巨蟹座和魔羯座在對「家」的前提上，有差不多的觀念；因此，基本上的相處是還不錯。只是要他們兩人常常聊天或是溝通，可能就有些困難，因為，巨蟹座和魔羯座都是不太會把心裡話說出來的星座，那麼對方又怎會知道他在想什麼呢？巨蟹座還比較能猜人心事，魔羯座在這方面就差多了。

面對水瓶座♒的家人

對水瓶座來說，除了家庭以外，要學習的東西有好多好多！而且外面的世界對水瓶座太有誘惑力了！

巨蟹座和水瓶座的家中相處，基本上可能是屬於「互不搭調」的型式，好像是在過各自的生活。因為這兩人的基本習性和思考方式，根本就是從裡到外，完全不同。因此巨蟹座和水瓶座真的不太合。

不過，巨蟹座是顧家愛家的，不論是什麼星座的家人，都有他懂得的相處方式，這就是巨蟹座的優點。因此，水瓶座要多學習用心在家裡，和巨蟹座好好相處。

面對雙魚座♓的家人

雙魚座和巨蟹座都是水象星座。在基本上的一些相處習性和生活習慣，都是差不多，對「家」的付出也很用心。只是巨蟹座比較具有家庭概念，懂得如何和家人好好相處。如何有效處理家中的事，都是巨蟹座很擅長發揮的能力。

而雙魚座是個依賴的星座，就算是在家中，也是懶洋洋的感覺，不算是一個主動又積極的個性。還好在家裡嘛！可以放輕鬆，不用擔心受怕，而且巨蟹座很會照顧人，雙魚座樂在其中的呢！雙魚座和巨蟹座的家庭關係是很不錯的。

巨蟹座的交友觀

巨蟹座是個很有「思慮」的星座，他的聰明機智，基本上不比天蠍座來得差。另外，巨蟹座細心照顧別人的那種關心，又不會比土象星座弱。由以上可知，巨蟹座算是一號人物，不但有土象星座的務實和謹慎，還有著水象星座的仔細。真可以說是具有知性、感性，再加上理性的長處。

巨蟹座由於是月亮守護。因此難免有比較情緒化的個性，可能有時雙方說著說著，巨蟹座就不想講了，別人也不知道是為什麼？不過，他對朋友很好，這點是不會錯的。反正人總是難免會有一些缺點，更何況巨蟹座對朋友很包容。

在和朋友相處的過程中，巨蟹座是比較重家庭或是重朋友呢？其實，應該從兩個部分來說，在比較年輕的時候，巨蟹座可能會貪玩，所以感覺上跟朋友比較好，而年紀稍大之後就會發覺，自己是很居家的星座，而且對「家」的依賴也比較大，凡事想兼顧自己的家庭生活。

巨蟹座容易遇到問題就躲進自己的世界裡，朋友們一定要讓巨蟹座開朗一些，讓他多多把心裡的話說出來。

巨蟹座與12星座朋友的關係

面對牡羊座♈的朋友

巨蟹座是個比較「悶」的星座，通常有話放心裡，也不見得會說出來。牡羊座則是藏不住話，更不會有情緒不發洩。因此，當這兩人是朋友的時候，會看到一個不停的講話，還加上比手劃腳，而另一個巨蟹座則是不停的點頭，只有聽的份。

所以，這個朋友的組合是會以牡羊座為主，牡羊座一定要盡量去開導巨蟹座的情緒，不要有話不說，否則可能很快友誼就會出現裂縫，如果是很好的朋友，只因缺乏溝通而失去友誼，那就太可惜了。

面對金牛座♉的朋友

巨蟹座是一個很容易把心事放在心裡的星座，因此在和金牛座成為朋友的時候，很可能會成為莫逆之交也說不一定哦！因為，平常兩人都把話放心裡，當兩人真的交上朋友，很可能在哪天突然把心裡話都說出來，越聊越投緣，反倒成了互吐心事的好朋友。

對巨蟹來說，要信任一個人不容易，必須要有十足信任對方；而對金牛座來說，朋友是很重要的，當然要真心相待。所以巨蟹座和金牛座是在長久默契中，培養出好友情的。

面對雙子座♊的朋友

巨蟹座是比較會把心事放在心裡，這樣讓雙子座有時真的受不了。因為雙子座認為，既然兩人是朋友，那麼就應該有話就說，不要總是話說一半然後就中止，別人只聽了一半，當然會覺得心裡不舒服。雙子座就是比較「乾脆」的個性，總是希望不論做什麼，能一次做完就好，少囉嗦！

不過，巨蟹座倒也是滿能和雙子座聊天的，只要不去探尋巨蟹座的內心祕密，能讓他撤去心中的防線，就很能和雙子座聊聊了。

面對巨蟹座♋的朋友

巨蟹座和巨蟹座在一起，可能是需要互相去猜心事的一對。他們都不是會主動和朋友聯絡，去說自己事情的人。除非是在那種燈光美、氣氛佳的情形之下，有感覺好的情緒和心情，才會娓娓道出自己的心事。

其實，有時候巨蟹座是一個會猜忌他人的星座，因此多少會防範他人，而且只信任自己，這樣當然對自己以外的人，是不太會說心事的。不過如果真的有一個巨蟹座的好朋友，是會感受到有好好被照顧的溫馨感。

面對獅子座♌的朋友

獅子座總是一副當大王的架勢，而且很光明磊落，有什麼就說什麼，要幹嘛就幹嘛！當然，獅子座對巨蟹座這個什麼事都放心裡的星座會覺得受不了。

而巨蟹座則是會覺得這個獅子座怎麼這麼霸氣呀！什麼都要聽他的，有沒有搞錯呀！憑什麼我要聽獅子座的呢？而獅子座總認為巨蟹座是陰陽怪氣的，要說也說不通，還疑神疑鬼的。因此，這兩人只能當泛泛之交啊！

面對處女座♍的朋友

處女座個性比較謹慎，也比較挑剔和有點囉嗦，因此很多人會受不了他的個性！可是巨蟹座比較不一樣，因為巨蟹座本身，也是不太有明顯情緒表達的星座，對於那種太過於外向的個性，巨蟹座本身不見得會欣賞。

因此，當巨蟹座遇上處女座的時候，會認為彼此之間的兩人看法或是做法，也有很接近的時候，很能在某些方面做深入的溝通。所以是可以成為好朋友的哦！只是最好能夠一起多出門走走，接近大自然更好。

面對天秤座♎的朋友

通常這兩人可能只是屬於泛泛之交，如果要做到知心交往，那可能會需要費好一番功夫，因為要到深入交往，也有一段很大的距離，並不容易跨越的。

巨蟹座總是認為天秤座似乎不夠實際，常常是想得太過美好，又有些不太腳踏實地。而天秤座是怎麼看巨蟹座呢？他認為這個巨蟹座是有些難搞，好像是怎麼說也說不聽。其實只要照巨蟹座的意思去做，就萬事ＯＫ了！所以在天秤座眼中，巨蟹座是較難溝通的。

面對天蠍座♏的朋友

大家都認為天蠍座很聰明又有頭腦，可是巨蟹座真的也不比天蠍座差，這點絕對不會假。因此巨蟹座和天蠍座，可以說是默契十足的一對朋友，有時候還可以互相鬥智，比較看看誰最厲害。

當然同屬水象星座，那種高靈敏度的感應，可能是別人不能體會的，而且對事情的看法很容易一致，同樣也有著私下較勁的意味。

★面對射手座♐的朋友

射手座是一個不太需要特別介紹，大家就很容易了解的星座。他有開朗的個性，做什麼事似乎都不太會去考慮後果，反正先做了再說，而且看得很開。愁眉苦臉也是過一天，快快樂樂也是過一天，何必要虐待自己呢？

因此，在射手座眼中的巨蟹座有點「自尋煩惱」；何必要每天好像有煩惱不完的事，整個人情緒不太好又敏感，什麼時候說一句不對的話都不行？因此，這兩人的朋友關係真的是平淡如水，沒什麼特別的地方。

★面對魔羯座♑的朋友

當巨蟹座遇上魔羯座的時候，這對朋友要談心事或是好好聊天時，可能會找開銷最節省的地方。因為兩人都是很節省的星座。不過，要兩人互相把心事說出來，也似乎要一段時間的互相了解和相知，否則不論是巨蟹座或是魔羯座，都不太會把自己的心事說出來。

在對於工作的看法，兩人也是很相近的，都算是認真和用心，只是巨蟹座比較沒有那麼大的野心在工作上，而魔羯座則是具有工作野心，會希望在工作上有出頭天。因此，兩人能互相欣賞。

面對水瓶座♒的朋友

水瓶座是一個很看得開的星座，而且想法也和別人不太相同，總是讓人摸不清楚他在想什麼，可是水瓶座卻能和大家打成一片，因為他的個性能隨著環境調整，所以大家都很喜歡水瓶座。

可是當水瓶座遇上巨蟹座時，卻會有些受不了，因為巨蟹座的情緒常常反覆不定，讓水瓶座有無法掌握的感覺，怎麼好像沒什麼事就不說話了，真是有些難應付呀！所以對水瓶來說，寧可不要太常接觸，免得得自找苦吃。

面對雙魚座♓的朋友

巨蟹座和雙魚座屬於惺惺相惜的兩人，在個性上和對事情上的看法有很接近。只不過雙魚座比較「博愛」，也比較有防人之心，不會把自己百分之百攤在朋友面前，會有所防範，不說不該說的話。

當然同屬水象星座，情緒豐沛，常常需要有宣洩的管道，否則很容易有內傷哦！~♥

Leo

Chapter05

獅子座

★

獅子座的人生觀

獅子座是萬獸之王，一切都必須在他的掌握之中，不許有一點小差錯出現，讓尊貴的他因此有了瑕疵。

獅子座對自己充滿自信，所以在工作方面一定是全力以赴，因為如此會得到許多讚美及鼓勵，讓獅子座覺得自己的重要性，他不允許任何小小的挫折將自己打敗。只要是面對外界，他就要自信、光采、驕傲。當然，在面對真實的自己時，難免會有脆弱的一面，不過天生高傲的他會自我掩飾，私下紓解情緒，再面對外界時，又是一頭光鮮亮麗的獅子。

獅子座的人，在面對大眾時都是一副光鮮亮麗的樣子，但當他們卸下面時，內心其實是很脆弱的，他們隨時需要掌聲及鼓勵。

因為獅子座是萬獸之王，難免會有生氣之時，但是如果給他讚美與掌聲，就會化解他那高傲霸氣的態度，展現他魅力四射的一面。

獅子座的他，要正確面對自己，否則過多的掌聲及讚美就會變成虛偽的假象。一定要擺脫光鮮的一面，面對真實的自己，這樣才算是真正的成功。

獅子座的守護星是太陽，可想而知，太陽是使萬物欣欣向榮、蓬勃發展的力量。那麼他一定會想盡全力照顧一切與他有關的人、事、物，因為太陽是起點，是照亮與孕育大地的主宰。

獅子座的脾氣不是很好，大家都要聽從他的領導，一切要服從，一旦有所不從者，可能會引起他情緒上很大的挫折與反彈，導致失控狀況出現，讓他們變得很沮喪，不過別緊張，王者就是有不凡的風範，他很快就能從挫敗中走出來，找尋另一個屬於自己的天空。

獅子座的家庭觀

獅子座給人一種高高在上的感覺，感覺是不好親近。但其實對於家人，他很照顧，只不過家人必須要盡量以獅子座為主，不然會讓他心中不愉快，因為他會覺得沒有被重視。

和獅子座相處，要讓他有被家人重視的感覺，讓他感到被尊重。如果是兩人世界，對方一定要讓獅子座有被照顧和被愛的感覺，如此獅子座就會覺得自己很受重視，對方很愛自己，這樣兩人就會很幸福。

獅子座是希望擁有美麗及快樂的人生，他對家庭有所嚮往。其實很多人會以為獅子座是一個很外向的星座，不太會在家裡待著。其實那就錯了，獅子座如果沒事的時候，他待在家裡是很自在的。只是他的權威不容許被挑戰，就算在家中也是屬於發號施令的人，大家都要聽他的指揮。

但這樣你們會認為跟獅子座在一起會很受到壓抑嗎？其實也不會，因為獅子座個性活潑開朗，他是不可能讓自己只是在家裡那麼呆板呢！獅子座是可以放很多心思在家人身上，而得到很多親情的星座。

面對牡羊座♈的家人

獅子座和牡羊座是兩個很相似的人，因此在相處上要互相學習禮讓，這樣比較能好好相處，否則很可能會導致針鋒相對，尤其在同一個家中，總是要好好相處喔！

其實，不論是牡羊座或獅子座都很愛面子，再加上他們也喜歡別人讚美。這點就要牢記了，其實每個人都不願被別人用話語刺激，只是有的人可以忍耐，但牡羊座和獅子座是很難忍耐的，所以多多學習互相讚美吧！

面對金牛座♉的家人

獅子座的人無論在什麼場合，就算是在家，也喜歡亮眼，要別人注意，因此難免會給人不好相處的印象。金牛座可能對這種感覺會更為深刻，因為金牛座有著比較規矩的個性，想法也總是有條有理，因此會認為獅子座不太為家人著想，所以在日常生活的相處上，總會有些磨擦，這是避免不了的。

大家一起生活，總要找到能互相適應之道，金牛座很會替家人著想的，而獅子座也很會為大家帶來歡笑。因此不要太尖銳的對立，彼此關係自然可以改善。

面對雙子座♊的家人

獅子座原本就是很自以為是的人，他在家的話，一定會希望家人以自己為中心；而雙子座則是很愛講話，也很會發表自己的想法。

不過脾氣比較溫和的雙子座，有時候會看不慣獅子座，因為獅子座是一個較霸道的星座，總會有些想當「老大」的舉動，而雙子座則會認為同是一家人，應該互相尊重，這就是獅子座與雙子座彼此要學習溝通的重點。

面對巨蟹座♋的家人

獅子座是個不喜歡惹麻煩而且強勢的星座。對巨蟹座來說，他會把心思放在家中。在這個家人組合中，應該很多決定是以獅子座為主。因為獅子座本身比較強勢，而以巨蟹座為輔。

以一個家來說，獅子座是對外，而巨蟹座是對內，這樣的配合很不錯，只是在某些事情上，可能兩人必須要互相溝通配合，要不然會在日常生活，出現不一致的表現，說不定弄到爭執不斷都有可能，這一點要特別注意。

★面對獅子座♌的家人

同屬獅子座的兩個人，家庭生活必然不無聊，更重要的是不會讓生活過得很拮据，因為人生在世嘛！就是要好好享受，何必那麼辛苦。錢沒了，就再賺呀！

除了物質生活不錯之外，這兩頭獅子在家庭生活的相處上，是有互相禮讓的地方，因為總是一家人嘛！兩人同一個星座，互相了解對方的個性，因此在別人眼中，會認為他們的家庭生活一定很多采多姿哦！

★面對處女座♍的家人

處女座雖然是一個很挑剔的星座，而且在一般交朋友的指數上，和獅子座並不是很合，可是當彼此是一家人的時候，處女座是很會照顧獅子座的哦！因此獅子座就算再「鴨霸」，處女座也能容忍。

其實，獅子座雖然有時比較衝，一般在家的時候，卻是很能帶動家中歡樂氣氛的，會讓家庭生活變得很活潑，也很開朗快樂，這一點是獅子座能做到的！因為處女座總是太過安靜，就算在家中，也總是屬於默默付出的那個人，只有關心，不求回報。

面對天秤座♎的家人

天秤座這個愛交朋友的星座，獅子座也差不多，因此在他們的家庭生活中，有可能兩人都去找朋友玩樂，所以他們都不在家的機率是很高的哦！至於兩人之間的相處，是很有意思的。因為天秤座是一個脾氣很好的星座，不太會亂發脾氣，而獅子座則是和小孩子一樣，脾氣發完就沒事了，這樣是最能互相包容的了，玩也能玩在一起，吵也是一下子就沒事了。

只不過，不論是獅子座或天秤座都不要忘了，當成為家庭一員的時候，對於家應該負的責任，一定要負責到底。

面對天蠍座♏的家人

其實在家庭生活中，天蠍座是屬於親密但並不黏膩的人，這樣和獅子座很合得來，因為獅子座只不過是比較需要大家關心，要別人注意他而已。天蠍座則是會拿捏別人心理的星座，對於這個和大孩子一般的獅子座，自然能照顧得服服貼貼。

再加上不論是獅子座或天蠍座，都不是喜歡太過親密的親屬關係（除了是自己的另一半以外），正好符合兩人的個性，所以在家中的相處，應該在感覺上還不錯，不會有什麼太大的問題。

★面對射手座♐的家人

對於家庭的觀念上，獅子座和射手座其實是很相近的，都比較不喜歡有累贅的家庭生活！更不願意因為「家」而牽制了自己。所以才說獅子座和射手座自然會相處愉快才對。

當然，並不是說獅子座和射手座好像對「家」漠不關心！只是比較不會表達出那種黏膩的親情，相反的對於互相之間的關心是不會缺少的，不管怎麼說，都是親愛的家人，不是嗎？

★面對魔羯座♑的家人

魔羯座是個有責任感的星座，當然相對的也就會想要去管家裡的人，其實他是在表達他的關心。而獅子座則是對家沒有那麼有責任感，可是卻不想要被人管。因此在相處關係上，獅子座和魔羯座似乎不是很融洽。

其實魔羯座真的很會照顧家人，可能是比較具權威感吧！而獅子座本來就是要大家捧著、被重視的感覺，兩者難免會有所衝突。只不過大家都是一家人，一定要互相讓一讓，在脾氣方面，要互相克制，魔羯座有時很會鬧彆扭，而獅子座是發了脾氣就算了，那獅子座和魔羯座就互相禮讓點吧！

面對水瓶座♒的家人

有獅子座和水瓶座這個組合的家庭生活，也是滿新鮮的哦！因為水瓶座常常想的和別人不一樣，也不會想要太過親密的家庭生活。獅子座在家稱王的心願，倒是能在這時候發揮，只是水瓶座是一個很重視精神生活層面的星座，不希望自己的家人是「言談無趣」的人。

或許獅子座和水瓶座兩人在家見面的機會，其實真的不多，各有各自的生活圈嘛！因此在基本相處上，算是還可以接受的啦！因為，各有各人的生活範圍，有各自的朋友呀！

面對雙魚座♓的家人

雙魚座基本上就是和誰都能合得來的星座。而獅子座這個喜歡掌權的星座，當然會和雙魚座相處得還不錯囉！獅子座本來就比較喜歡掌權，而雙魚座是十二星座中最會看人臉色，最會聽命於他人的星座，自然獅子座和雙魚座在相處上會滿愉快的。

只不過，獅子座和雙魚座對家庭的觀念有一些不太相同的地方，獅子座比較不願意有家庭負擔的生活，最好是自由自在的；而雙魚座不同，他覺得能為家人犧牲奉獻一切都。

兩人在相處上是不會有太大問題的。

獅子座的交友觀

獅子座的開朗活潑是有名的啦！當然他很喜歡交朋友，只不過難免會有要大家都以獅子座為中心的想法。不過，獅子座是真的會對朋友掏心掏肺的，而且愛熱鬧也是獅子座的特性，所以只要有獅子座的場合，一定是很歡樂的。只是那些太過安靜的星座，可能會和獅子座比較合不來哦！

其實在朋友當中，獅子座是很有正義感的星座，能為被欺侮的朋友打抱不平，這是天性，因為獅子座愛當一個勇者和強者嘛！

和朋友的相處當中，獅子座會希望彼此之間真誠相待，而不是有所隱瞞。如果能彼此真誠以待，獅子座會更真心、更用心對待朋友。

另外一點就是獅子座的慷慨，獅子座向來用錢就不小氣，如果和朋友的相處更不會太在意金錢的花費，這也就是為什麼獅子座身旁常常圍繞一群朋友。當然，不能說是吃喝玩樂，只是和獅子座在一起，一定有好玩好吃的囉。對於很真誠的獅子座來說：朋友是很重要的一部分，他總是真心相待的。

獅子座與12星座朋友的關係

面對牡羊座的朋友

獅子座和牡羊座是很類似的人，在相處上可能要互相學習禮讓，這樣比較能和平相處，否則獅子座和牡羊座很可能會互看不順眼，兩個人要好好協調喔！

其實，不管是牡羊座或獅子座都很重視個人的自尊，再加上他們也喜歡別人的讚賞，都不願被人看輕，只是偶爾還可以忍耐，但牡羊座和獅子座是不可能忍受太久的，他們喜歡和大家一起享受生活中的小確幸！

面對金牛座的朋友

獅子座的人，無論在什麼場合，就算是在朋友圈，也喜歡讓別人另眼相看，讓別人覺得他很「強大」，因此難免會給人太霸氣的感覺，金牛座對這種感覺會有更深刻的覺察，因為金牛座喜歡規規矩矩的，想法和做法傾向有條理，他認為獅子座似乎不太為其他朋友著想，所以在平常的相處，他和獅子座總會有所衝撞，這是很難避免的，因此要找到能互相適應的方法。

金牛座是很能為大家著想的星座，獅子座也很能為大家帶來歡笑，因此不要老是尖銳的對立，自然可以改善彼此的關係。

面對雙子座♊的朋友

獅子座是個容易自以為是的星座，他在面對朋友的時候，會希望全部朋友都能以他為中心，聽從他的號令；雙子座則是很有意見，也很會提供自己的想法給朋友。因此雙子座跟獅子座都能好好協調，互相幫助與合作，也更能增進兩個人之間的友誼。

但是脾氣溫和的雙子座，有時候會覺得獅子座太霸道，總是想當「老大」。雙子座是認為朋友應該要能互相尊重。獅子座與雙子座在這件事情上，要多加學習、互相協調。

面對巨蟹座♋的朋友

獅子座不喜歡找人麻煩，認為人生就是要適切合宜的享受，而且要吸引別人注意的目光，這樣才是人生。但對巨蟹座來說，會把心思放在跟朋友的和平相處上。

一群朋友在一起時，很多決定都是由獅子座為主導，因為獅子座很強勢，如果可以找到巨蟹座為摯友，是很棒的一件事！只要在某些生活事務上，獅子座與巨蟹座能互相溝通配合，就能快樂享受人生。在溝通上如果有不同步的現象，兩個人會鬧出不必要的糾紛，因此獅子座與巨蟹座要特別注意喔！

面對獅子座♌的朋友

同屬獅子座的兩個朋友，會使兩個人的友情充滿快樂的氣氛，更重要的是，他們會讓雙方的生命更加美好，因為人生就是要盡善盡美嘛！好好享受生命中的樂趣與成就感，認真勤奮面對所有的人生挑戰。

除了彼此很合拍之外，兩個獅子座在相處上，偶爾會需要互相禮讓，但是這也不是什麼大問題，而且兩人都是獅子座，能了解對方的個性。在其他朋友眼中，會認為他們團結合作的能力很強哦！

面對處女座♍的朋友

處女座雖然很挑剔，在行為表現上，和獅子座並不能很合得來，但是當兩個人都面對同一個工作或挑戰時，處女座還是很能跟獅子座攜手合作的哦！因此獅子座再霸氣，處女座也能容忍他，更何況彼此是親密的戰友。

雖然獅子座有時比較霸道，但是在一群朋友之間，很能帶動整體的團結氣氛哦！獅子座會讓大家團結到很有默契的地步，大家都能互相支持。獅子座很能做到這一點，而處女座總是一個人默默地為朋友付出，不會特別要求朋友的回報。

面對天秤座♎的朋友

天秤座是個不管跟什麼人都能合得來的星座，而獅子座也是差不多如此，因此在他們的生活中，兩個人常常能互助合作，是很有戰鬥力的一個組合。天秤座是一個脾氣溫和的星座，不太會鬧情緒，而獅子座則是脾氣發完就好了，這樣的獅子座和天秤座的組合，是最能相知相惜的朋友了。

天性善良的天秤座在面對風險與麻煩事時，不會放下別人不管的，他最大的優點，就是永遠表現出願意跟任何人合作的態度。非常需要盟軍的獅子，最愛跟天秤座當朋友了，兩個人的契合度是接近百分之百啊！

面對天蠍座♏的朋友

天蠍座和獅子座是可以合得來的，因為獅子座比較需要大家投以目光，要朋友都能注意到他。天蠍座則是最會拿捏細節的星座，和獅子座在一起，自然能調節到百分之九十的契合度，再加上獅子座或天蠍座都不喜歡互相太過羈絆，正好符合兩人的天生氣質，所以在生活上的共處會不錯，不會有什麼大麻煩。

天蠍座感覺很敏銳，當自尊心很強的獅子座覺得不開心時，天蠍座會安慰獅子座，讓獅子座的苦水有傾倒的地方，而天蠍座則永遠能提供一個溫馨的環境，讓他的獅子座朋友有可以避風遮雨的港灣。

面對射手座♐的朋友

獅子座和射手座的想法是很相類似的，比較不喜歡遇到懶散的朋友，而造成自己的困擾與累贅，更不願意因為友情的負擔而羈絆了自己，所以獅子座和射手座自然會相處愉快啊！

當然，也不是說獅子座和射手座兩人，好像對其他朋友不太關心，只是比較不會表現出很認真的一面，但獅子座與射手座互相之間的關心是不會缺乏的。

面對魔羯座♑的朋友

魔羯座是個有責任感的星座，當然相對的，也就會想要去要求其他朋友要認真負責；但其實他是用這樣的方式在表達對朋友們的關心。而獅子座則是對朋友的關係與維持，沒有那麼投入，可是卻也不喜歡被朋友煩。因此獅子座和魔羯座似乎並不容易融洽相處。

其實魔羯座真的很會在生活中提攜朋友，可能是他比較威嚴吧！而獅子座本來就是要大家重視他，希望有被大家需要的感覺，所以兩者難免會有所衝突。只是雙方一定要學會互相禮讓，在脾氣上，要互相克制一點。魔羯座有時很會鬧脾氣，而獅子座是不高興一下子就過了，獅子座和魔羯座就互相禮讓一下吧！

面對水瓶座♒的朋友

獅子座和水瓶座這個朋友組合，是很特別的哦！因為水瓶座常常是想法跟別人完全不一樣，也不會想要過著太緊張的生活模式；而獅子座總是有稱霸的心願，倒是很能在這時候發揮。只是水瓶座很重視靈性溝通的星座，不希望自己的朋友是「趨近文盲」的人，所以會要求獅子座要能有創意並懂得提升自己，才會願意與之深入交往。

獅子座很在意自己的行為舉止，是否擁有對朋友的影響力，讓大家都能夠認同他天生的霸氣，而愛整天晃來晃去的水瓶座朋友，總是會讓獅子座感覺不到對方認可他的誠意，所以水瓶座和獅子座要能夠好好相處，一定要學會理解和同理對方。

面對雙魚座♓的朋友

雙魚座是和誰都能合得來的星座，獅子座喜歡當大王，當然會和雙魚座相處得會非常好。獅子座本來就喜歡占地稱霸，而雙魚座是十二星座中，最會看人心情，最容易順服的星座，所以獅子座和雙魚座在相處上會很順利的啦！

只不過獅子座和雙魚座在對友誼的概念上，有不太相同的地方。獅子座比較不願意在有壓力的感覺中交朋友，最好是能自由的進行調和，但雙魚座不同，能為朋友犧牲奉獻。但以「互補」的角度來說，獅子座與雙魚座兩人在相處上是不會有太大問題的。～

Virgo

Chapter06

處女座

★

處女座的人生觀

處女座愛家又保守，喜歡學習事物，做事很認真，能量入為出又精打細算，很少會出錯且心思細密。自我要求很高，對別人很挑剔。因為處女座的人比較要求完美，容易引起焦慮和緊張。大家都說處女座有潔癖，其實也不盡然。大部分處女座的潔癖不是在生活上，而是在思想上。

處女座的人由於心思縝密、思考周密，朋友都覺得他分析事情很客觀。他們力求完美，不管是個性與處世，和對自己的要求，各方面都是無可挑剔的。

處女座的人，因為過於要求完美，會使自己陷入一種莫名的恐懼中，因為深怕做不好而被批評，會違反自己的心願而不夠完美，結果陷入一種神經質的狀態。他們工作認真，很能得到上司的賞識，更由於細密思慮，能勝任較為高階的工作，而且言行謹慎，所以感覺上他很拘謹、放不開與過於嚴肅，但這些都是可以改進的。

處女座的人，要學會讓自己放假，不要讓自己永遠處於緊張緊繃的壓力之下，而沒有喘息、休息的時間。試著讓自己放鬆，會有意想不到的收穫。

「工作狂」是認識處女座的人都會這麼說的，他們有很好的組織能力，可以把毫無秩序的工作，改變成有規律、有組織的，不過也會流於太過小心及過於注重小節的傾向，而讓工作變得更複雜而不好處理。

處女座的人，擁有精闢的分析力和有系統的學習力，是大家有目共睹的。但他們犀利的批評，卻是大家所不能忍受的，因為處女座的人是完美主義者，討厭半途而廢，但是如果太過於執著，是缺乏人情的，因此凡事不要太在意，要放開心中的壓力，以輕鬆的心情來處世為宜。

處女座的家庭觀

處女座是一個在什麼位置就做什麼事，而且會很盡心盡責的星座，所以難免會給人很有工作慾望的感覺，其實那只是一個「責任心」的表現而已，並不代表處女座是一個有野心的星座。

而處女座在家中的表現，更是很穩當的呢！他可以東摸摸西摸摸，做一下這個，弄一下那個，整天不出家門，似乎很無所謂，能安於自己的現狀。這也是處女座安於自己本份的表現。

大家都說處女座不好相處，對完美有潔癖，其實這些都是片面對處女座的認知，真正的和處女座成為一家人，應該算是很幸福的哦！

除了不可以不愛整齊乾淨之外，其他處女座都可以接受。處女座在家什麼都願意做，上至主人下至菲傭的工作，他們都可以扮演得很稱職。最重要的是千萬不要破壞處女座所訂下的規矩與辛苦整理的環境，如此彼此就可以相安無事。

由此可以看出，處女座在家是屬於喜歡犧牲奉獻的人，不會有什麼強勢的表現，很讓人欣賞呢！

面對牡羊座♈的家人

牡羊座和處女座是兩種完全不同個性的星座；牡羊座比較大而化之、大剌剌的個性，也可以說是比較粗心大意。偏偏這個處女座是個很小心又很仔細的人，對於粗心大意的人比較受不了。當然啦！同是一家人，相輔相成是比較好的相處模式，可以互補長短。只不過當脾氣要來的時候，兩人也很容易「唇槍舌戰」，有必要互相學習容忍一下，因為這兩星座鬥起來，那可熱鬧了！互相退一步，才會比較緩和雙方的關係。

面對金牛座♉的家人

處女座個性比較小心謹慎，有時還會給人有些囉嗦的感覺，但卻滿能適應環境的一些改變。而金牛座則是守著自己的規矩做事，沒什麼特別的想法。基本上兩人很能配合，而且某些觀念上是相近的，只是處女座和金牛座都有自己堅持的事情，處女座和金牛座都各有各的固執。

在日常生活中，他們兩人有著共同點，那種對「責任感」的看法是相同的，只是對同屬土象星座的他們，可能更重要的是兩個人如何把心裡的話說出來吧！

★面對雙子座♊的家人

家中有處女座的家人，其實是一件不錯的事，為什麼這樣說呢？因為處女座是一個自我紀律甚嚴的星座，相對的同屬一家之中的雙子座就可以輕鬆了，由處女座來「督促」一下也不錯。雙子座不太容易發大脾氣而且還滿隨性的。因此在很愛管人處女座的相處之下，並不會有什麼衝突。

★面對巨蟹座♋的家人

這兩個星座，都是比較喜歡待在家裡的星座，不愛向外隨便跑跳，能把家裡的大大小小的事都做好。

巨蟹座是一個「顧家」的星座，但是屬於比較侷限於精神層面，而處女座剛好相反，喜歡在家做家事，如此一來別人是什麼都不用做了！可是要記住一點，不參與做家事沒關係，可是在處女座做好之後，可千萬別去弄亂弄髒了，否則要小心得罪他了！

★面對獅子座♌的家人

處女座雖然說是一個相當挑剔的星座，而且和獅子座朋友並不是很合拍，可是當是一家人的時候，處女座是很會照顧家人的哦！

獅子座一般在家的時候，很能帶動家中氣氛的哦！會讓家庭生活變得很活潑也很開朗快樂。至於這點可能是處女座做不到的，因為處女座總是太過安靜，就算在家中，也是屬於默默付出的那一個人。

面對處女座♍的家人

如果在同一個家中，有兩個處女座的成員，那麼這個家中就會有非常整齊乾淨的環境，而且會佈置得很優雅。所有的事物一定都是很有規律的擺放。這就是和處女座當家人的好處，不必擔心一些家中的枝微末節。

可是同屬處女座，就可以猜到處女座和處女座之間的挑剔可能也屬一流，互相之間一旦有什麼爭執的時候，那可能就是互不相讓，再加上處女座本來口才就不錯，爭吵起來時，可真是犀利。因此，當有兩位處女座家庭成員在一起時，還是要收斂彼此挑剔的個性。

面對天秤座♎的家人

處女座和天秤座是不太會有什麼衝突的星座組合。因為處女座很會處理家務，也很安於待在家中的生活，又很能從中自得其樂，更不是那種我做了家事，別人也要做，要不然不划算的那種個性。

因此像天秤座這種很喜歡在外面亂晃的人，累了就回家休息，處女座還會把家整理得很舒適令他開心呢！如果處女座情緒不好的時候，天秤座也會安撫勸慰他的。天秤座是一個不怕別人發脾氣的星座，本身很有耐性，加上脾氣還不錯，因此要和這個處女座相處，是輕而易舉的事啦！

♍面對天蠍座♏的家人

對於家的付出，處女座和天蠍座是差不了多少的，都很能為家來打拚奉獻。可是要說到對「家」的管理方式，處女座和天蠍座卻有不同的方式。處女座完全是以家為重，而且不會去干涉家人，會把家事都做好，讓其他家人覺得回家就是放輕鬆休息，感覺是舒適自由的。

天蠍座雖然也是一個滿能為家付出的星座，可是卻有想要掌控一切的欲望，對於「家」有操縱的野心。當然啦！有的家庭成員會覺得這樣沒什麼，可是有些成員就會覺得怎麼管這麼多！煩不煩呀！

♍面對射手座♐的家人

處女座是中規中矩的星座，凡事皆會以家為重，可是熱愛自由的射手座對於家不會有什麼深刻的感情，好像自己是旅客一般，難免有時會給家庭其他成員，有一種來無影去無蹤的感覺。

不過，對於處女座這個愛家的星座來說，只要知道射手座在做什麼就好了，不見得會去干涉射手座的生活行為和習慣。當然，偶爾的嘮叨應該是跑不掉了。

♍面對魔羯座♑的家人

同屬土象星座，也因此都是有著責任感的星座表現。只是魔羯座是一個對於事業上有野心的星座；處女座比較溫和，不過兩人都有一樣的基本共識，在工作方面一定要認真努力才可以。

對於「家」的表現，處女座常常是自己做完自己的，然後再幫大家做。而魔羯座則是屬於較為強硬的。因為在工作上是只要決定的事，魔羯座是不容許更改的，只是在家庭裡會比較溫和一點點。

面對水瓶座♒的家人

若以實際層面和精神層面，來評斷處女座和水瓶座對「家」的看法，處女座一定喜歡主導在實際面的表現，而水瓶座就是屬於精神層面啦！說起理念是一定不太相同的。但是基本上對於「家」的付出，倒是不會相差太多喔！

通常很實際的處女座，是注重家庭中的生活品質與日常生活中的細節，屬於務實型；精神面的水瓶座是比較沒那麼重視物質享受，而是要大家有精神糧食方面的充實。所以處女座和水瓶座兩個星座在一起，是能達到互補作用的。

面對雙魚座♓的家人

對於「家」，不論是處女座或雙魚座，都是屬於犧牲奉獻型，越多的事扛在身上，就真的做得越帶勁，這不能說是勞碌命，只能說是處女座和雙魚座把心思都放在家裡。

雙魚座的表現那就更誇張了，叫他做什麼好像都可以，雙魚座完全不會放在心上，因此讓家人感覺很窩心。處女座雖說也很為家人著想，可是沒有這麼的誇張啦！

處女座的交友觀

處女座是一個挑剔的星座，對朋友是屬於很實在的關心，不是只有嘴巴說說，可是相對的，處女座也是一個很有自我原則的星座，他們覺得對朋友關心友好是應該的，但是朋友也需要對自己是忠誠的才可以，最起碼不是那種表面的寒暄而已！而是要深入的交心，那種表面的泛泛之交，處女座是不太願意來往的。

處女座基本上是不喜歡囉嗦別人，也不太願意有太多人讚美自己，他會覺得不太能處理這種場面。另外，處女座在朋友有難時，會去盡心幫忙。可是他本身的個性卻不太喜歡別人在他耳邊一直說個不停，尤其是說一些無關緊要的問題，不回答又好像不尊重，可是又要浪費腦力和時間，真是不知如何是好。由以上可知，處女座是一個不喜歡麻煩別人，也不太願意浪費自己時間的星座。

處女座本身就喜歡比較實在的生活，很樸實不花俏，因此對於太誇張不實的言談或行動，他們可是會受不了的。因此，和處女座交朋友實實在在就好，千萬不要用什麼花俏的方式來吸引他注意。

處女座與12星座朋友的關係

面對牡羊座♈的朋友

牡羊座和處女座的個性差別相當大！牡羊座比較大而化之，也可以說偶爾粗心；偏偏處女座是個小心仔細的人，對於粗心又大意的牡羊座，實在是受不了！牡羊座和處女座是差異很大的兩個人，因此雙方必須互相理解合作才是王道。

兩人要學會互相協助，只是當處女座和牡羊座的脾氣都發作時，很容易有火爆的情況出現，因此牡羊座和處女座都需要學習容忍對方，因為不論是牡羊座或是處女座的對談能力都很厲害，一旦吵起來，兩方都不願互相退讓的話，就會很麻煩喔！

面對金牛座♉的朋友

處女座個性謹慎小心，有時別人還覺得他很愛碎念別人，但他卻很能適應環境裡自然的變化；金牛座則是照著自己的想法來生活，沒什麼特別的計畫。基本上處女座和金牛座兩人很能互相配合彼此的節奏，而且在生活上的觀念也是相近的，只是兩人都有著自己希望堅持的事情，而且處女座和金牛座個性都很強硬，有自己不能被踩到的「地雷」。

在生活中，他們兩人的共同點是對責任感非常看重，處女座和金牛座兩人都願意為自己的人生努力不懈！

♍ 面對雙子座♊的朋友

有處女座的朋友，是一件很不錯的事情，因為處女座很有自我紀律與自我要求，對於自己的生活方式有很多自己的想法，所以身為處女座朋友的雙子座，可以輕鬆當個輔佐的角色；又因為雙子座不愛用太多的時間去思考自己未來的人生，所以得靠處女座來推他一把。

雙子座不太容易發脾氣，就算是隨性過日子，也可以讓自己的生活過得安安穩穩。與處女座在一起的時候，兩個人並不容易發生糾紛，處女座與雙子座在彼此的生命是可以互相提攜的。

♍ 面對巨蟹座♋的朋友

處女座和巨蟹座對於「認真過一生」這件事，雙方感覺是很相近的，因為這兩個星座，都是既認真又負責的星座，不愛隨意過日子，能把自己生活裡的大小事務都一手包辦妥當。

所以巨蟹座是一個很有即戰力的星座，但是他比較會侷限於自己身邊的小圈圈裡，要巨蟹座自己一個人去面對生活中的壓力，有時候是不太可能的。他需要朋友相伴，來度過人生的風風雨雨。

但是處女座剛好相反，他很希望能幫助身邊的朋友，所以巨蟹座可以靠處女座罩著喔！但是要記住一點，巨蟹座在處女座花了時間好好陪伴之後，一定要請他吃個飯，這樣才夠意思喔！

面對獅子座♌的朋友

處女座是一個很愛挑剔的星座，和獅子座朋友不太能和平相處。可是當他們成為摯友時，雙方就可以坐下來好好聊聊，因為獅子座就算是再霸氣，處女座也能接受，而獅子座隨時能夠成為處女座生活中「神一般」的隊友。

雖然獅子座有時會霸道一下，但也很能帶動朋友之中的競爭氣氛！會讓身邊的人通通動起來，一個個都成了「戰鬥民族」的一份子。至於這點是處女座做不到的，因為處女座總是太安靜，屬於默默為朋友付出的人，喜歡過自己的偏安小日子。

面對處女座♍的朋友

如果在同一個朋友圈中，同時有兩個處女座，大家不論是對內或對外，彼此之間橫向或縱向的溝通，都可以交給很有規律秩序的兩位處女座來管理。這就是和處女座當朋友的好處，都不必擔心生活中會出什麼大錯。

同屬處女座，兩人之間的挑剔與互找缺點的功力也屬一流，互相之間若有什麼爭執時，可能就是互不相讓，吵起架來，可謂是步步驚心。因此，當有兩位處女座在一起時，兩人還是要減少一些挑剔對方的念頭啊！

面對天秤座♎的朋友

處女座和天秤座是不容易起衝突的，因為處女座也跟天秤座一樣，都很安於現狀，也能從生活中找到樂子，因此像天秤座這種很喜歡在外面跑來跑去的人，累了可以忙裡偷閒，休息一下，跟處女座聊聊天如果處女座感到疲倦的時候，天秤座也很能撫慰處女座的心靈。

天秤座是一個不怕別人鬧情緒的星座，他們脾氣不錯又有同理心，所以安慰處女座的心情，對天秤座不是一件難事！

面對天蠍座♏的朋友

對於未來人生的理念，處女座和天蠍座是很接近的，都願意為自己打拚，但是要怎麼跨出下一步，處女座和天蠍座卻有不同的想法。

處女座不會去干涉其他朋友，但是看到朋友在面對人生的課題上有可能走冤枉路時，處女座會暗示朋友要小心謹慎，讓朋友有被關懷的感覺。天蠍座雖然也是願意為朋友付出的星座，可是偶爾連朋友個人的決策都要攪和下去，因為天蠍座對於自己的人生很有野心。有的朋友會覺得天蠍座這樣沒什麼關係，可是處女座就會覺得他怎麼這麼強悍啊！

面對射手座♐的朋友

處女座習慣中規中矩，凡事以大局為重，很少會做出超過本分的行為，可是射手座就不會這樣，想衝就衝，但有時又對朋友投入太多情感，干涉過度，難免有時會讓他的朋友們有一種無言以對的感覺。

對於處女座這個謹慎的星座來說，只要知道射手座的行為模式就好，不見得會去干涉射手座的一舉一動，只會偶爾提醒他不要跨越朋友之間的底線，因為大家是朋友互相體諒是應該做到的。

面對魔羯座♑的朋友

同屬土象星座，處女座與魔羯座都很有責任感，只是魔羯座對於自己的未來很有野心，而處女座沒有那麼大的憧憬，不過他們兩人有一樣的共識，面對未知的旅程，朋友一定要並肩作戰才可能成功。

在生活中的表現，處女座屬於行動派，常常自己做份內事，然後再幫助遇到挫折的朋友。魔羯座則是很強悍的，如果有已經決定的事，那是不容許去更改的，就算朋友百般阻攔也不為所動。處女座跟朋友溝通時，就會比較「溫柔」一點。

面對水瓶座♒的朋友

處女座和水瓶座對於「生命」的看法是不一樣的，處女座喜歡得到「自我實現」的機會，而水瓶座是屬於喜歡享受人生所有過程的人，但是基本上給彼此的關心與無私的付出倒是不會差距太大。

其實，實在的處女座，很注意日常生活中的細節，他們很務實；水瓶座比較喜歡享受生活中的過程，如果處女座和水瓶座當好朋友，是能達到互補的效果。

♍面對雙魚座♓的朋友

友情，對處女座或雙魚座來說，是非常重要的生命課題，他們都願意為友情犧牲奉獻，遇到朋友有麻煩事，他們會很願意為朋友站出來，把心思放在朋友身上。

雙魚座的表現其實更特別，不管遇到什麼樣的大麻煩，他好像都可以勝任。雙魚座完全不會怕挑戰，身邊的朋友也都覺得他很熱血！而處女座很會為朋友們著想，所以處女座與雙魚座這兩人，也會對彼此「共同好友圈」裡大大小小的事情，付出相當大的精力與熱情。~♥

Libra
Chapter07

天秤座

★

天秤座的人生觀

天秤座的人外型優雅、風趣可親、天生樂觀，很能言善道，講話又有條理，分析事情很客觀。天秤座只要自然而然的散發他們的優雅氣質，就可以很吸引人了。

天秤座對美是很有鑑賞力的，不管是對於人、事、物，都可以用最美的一面來美化，因為他會讓自己以美麗、大方、乾淨的姿態出現。天秤座的人是公正、公平的，也是個很和善的人，他們懂得尊重別人，所以人緣特別好。

天秤座其實是個很善於交際的人，但是因為他很重視公平，在別人對他好的時候，他也會想辦法加以回報，否則自己會覺得不平衡。天秤座的他，要注意不要給自己太大的壓力，否則會亂了方寸。

天秤座最基本的星座特性是什麼呢？善良、和平，但有些固執，任何一件事情的處理都會以「公平公正」為基礎。

天秤座喜歡安靜優雅的地方，不喜歡吵鬧與雜亂的感覺。所以如果他的另一半正好是天秤座，那一定要知道他喜歡安靜、整齊、祥和的氣氛，和他在一起時，要表現出最優雅的姿態，而且找一個寧靜兼具美感的地方約會，這樣就能征服他了。

最後千萬要記住一點，他不喜歡失序與雜亂不堪的環境，或許天秤座看到不喜歡的人群，他不會當場講出來，但是日子久了以後，他們就慢慢的會疏遠這些人了，他們無法長久壓抑自己在不堪忍受的環境中。

天秤座在工作上是很有靈感與創新的，不過一定要在一個安靜祥和的環境之中，否則他們沒辦法表現出應有的效率及好表現。

天秤座的家庭觀

天秤座對於每一件事都習慣放在同一個秤子上來評估，而且天秤座是一個很愛交朋友的星座，因此也會對家人很好哦！只不過他常常「一心太多用」，會讓家人感受不到那股親密的感覺。

其實在家中，天秤座會想成為一個領導者，只是由於個性比較溫和，幾乎都是被別人帶領，而不是去領導別人。

另外，天秤座是一個要求被合理公平對待的星座，所以在家中千萬不要讓天秤座覺得受委屈，他會有很大的反彈！對天秤座來說，有沒有受到家人的重視和關心，也是一件很重要的事。當然，天秤座本身會很關心和照顧所有身邊的人，因此和天秤座在一起，往往感覺很不錯喔！

讓天秤座身邊充滿著「愛」，他整個人的精神體力就會很好，而且會對身邊的人都很和善。在家庭中，天秤座很溫和，追求真、善、美的生活，會讓自己的家庭環境待起來很舒適愉快。如果在家的話，他們是很能享受生活，也能去關懷所有家人的人。

天秤座與12星座家人的關係

面對牡羊座♈的家人

天秤座會禮遇牡羊座是由於他是一個追求和諧與溫暖的星座，凡事以溫和待人為主，甚至盡量讓別人出風頭也沒關係，所以不會和牡羊座之間有什麼糾紛。

但在人生的基本態度上，牡羊座會受不了天秤座那種無所求的態度，甚至每一件事對天秤座來說，都不算什麼重要的事。牡羊座剛好相反，凡事好求表現、求第一，因此自然是較為強勢的表現。對天秤座來說，這是過於拖累自己的一件事，因此天秤座與牡羊座在面對工作或人生課題上，可能需要互相砥礪一番。

面對金牛座♉的家人

對於天生懂得生活情調的天秤座來說，天底下沒有什麼了不起的大事，凡事追求和諧完美，更何況是生活在同一個家庭，更沒有不能解決的事了。而金牛座是個比較不會轉彎的星座，但對家人的好，這是大家都知道的。

因此這兩人相處下來，會以天秤座的和諧來改變稍微固執的金牛座，整個關係看起來還不錯，不會有什麼緊繃的狀態。其實呢？天秤座是很能和人聊天的，因此多多開導自己身邊的人吧！

面對雙子座♊的家人

在這個家中，雙子座和天秤座會很談得來。本來雙子座和天秤座就是很會聊的星座，再加上雙子座和天秤座的看法又很接近，自然而然兩人就很能有心靈上的「默契」，這當然是因為雙子座和天秤座基本的個性滿相近。

可是在其他家人的眼中，雙子座和天秤座兩人，可能是比較「會說不會做」的一對，道理說得「頭頭是道」，該做什麼也都知道，問題就在他們兩人的實際行動力比較差，要加油哦！

面對巨蟹座♋的家人

巨蟹座給大家一種「愛家」的感覺，朋友對他來說，絕對不會是生活的重心。而天秤座呢？通常是給人感覺他和朋友比較好，但對天秤座來說，家人和朋友都在同一個天秤上，沒有誰特別重要，可是花在朋友的時間比較多，就會給人天秤座較重朋友的感覺。

其實在家庭相處上，巨蟹座和天秤座的關係還算可以，雖說天秤座常會有很多朋友來來往往，但是巨蟹座還滿能包容的。

面對獅子座♌的家人

天秤座是個愛交朋友的星座，而獅子座也差不多，因此在他們的家庭生活中，很可能常常有很多朋友跑到家裡的情形，甚至也有可能兩人都跑出去玩，這種機率是很高的哦！

因為天秤座是一個脾氣很好的星座，很隨和；而獅子座應該是說和小孩子一樣，脾氣發完就沒事了，這樣玩也能玩在一起，吵也是一下子就沒事了。只不過，不論是獅子座或天秤座，可都不要忘了，當成為家庭一員的時候，對於家庭該負的責任，一定不能忘記哦！

面對處女座♍的家人

這是一個不太容易起衝突的組合。因為處女座很會處理家務，也很安於待在家中的生活，又很能從中自得其樂，更不是那種我做了家事，別人也要做，要不然不划算的個性。因此像天秤座這種很喜歡在外面亂逛的人，累了就回家休息，處女座還會幫他整理呢！

如果處女座情緒來的時候，天秤座也很會安撫勸慰。天秤座是一個不怕別人發脾氣的星座，本身很有耐性，加上脾氣還不錯，所以要安慰這個處女座是輕而易舉的事啦！

面對天秤座♎的家人

在一個家裡面，如果有兩個天秤座，那這個家可真是熱鬧了。因為朋友一定很多，而且都會帶回家同樂，在天秤座的心中，朋友和家人是同在一個天秤的兩端，都很重要的，再加上同為天秤座的家人，那更是有默契了。

比較要注意的是，天秤座對於金錢比較沒有概念，需要有一些節制。還有，並不是每個人都適合和自己交朋友，要知道哪些是可以交，哪些是不可交，千萬不要引了損友進門，這樣就麻煩了，應該多放些心思在自己家人比較好。

面對天蠍座♏的家人

在基本的個性上，天秤座可以和天蠍座在家中好好相處，因為天秤座是滿能和所有星座相處愉快的星座，只是很重隱私的天蠍座在家的時候，就希望是完完全全的屬於個人生活，不願讓別人來打擾，所以天蠍座不太願意讓朋友到家裡，不是不夠熱忱對待朋友，而是希望保有自己的空間。

因此在日常生活中，天蠍座和天秤座在生活上，就有一些差異了，天秤座喜歡呼朋引伴，而天蠍座喜歡安靜的家庭生活，在這點上就容易有一些爭執出現。

面對射手座♐的家人

天秤座和射手座彼此沒有什麼心機，而且也都屬於有話就說的人，能放開心胸好好溝通。不過，天秤座天生愛被誇獎，也想聽好聽與讚美自己的話，偏偏這個射手座家人，是那種比較直性子的個性，有什麼說什麼，還好天秤座也不是太計較的星座，所以天秤座和射手座算是可以好好相處的家人，只要能好好溝通那就沒有問題了。

面對魔羯座♑的家人

天秤座和魔羯座是個性完全不同的星座。而在同一個家中，天秤座和每個人都不錯，而魔羯座其實也是很愛家的一個星座。所以，魔羯座和天秤座相處上也是不錯的。

由於魔羯座的個性比較內向，比較不會把心事說出來，通常是魔羯座做了決定，別人可能很難去更改一切。當然魔羯座是不會對家人不好。因此，如果和魔羯座家人意見不同，可以讓天秤座和魔羯座好好溝通，應該會有共識。

面對水瓶座♒的家人

水瓶座和天秤座都是和朋友關係不錯的星座，而且對朋友很好，可是天秤座仍舊會把家人和朋友一起考量；而水瓶座則是思維比較怪異的星座，和朋友是很能聊，和家人比較沒什麼話好說。

還好天秤座也很會說話，很能和水瓶座天南地北聊天，因此兩人在家中關係還算不錯。而水瓶座會比較需要個人空間，不要在他不想溝通時去溝通，相信可以營造還不錯的關係。同屬一家人，本來就要互相體諒嘛！

六 面對雙魚座♓的家人

這是很好相處的兩個星座，雙魚座和每個星座的家庭份子都可以配合，只不過，有時候天秤座對雙魚座相處起來還是比較不費力氣，比較愉快。

天秤座和雙魚座彼此可以配合，又能互相關心，只是仍舊是雙魚座付出比較多，因為天秤座交的朋友太多了，會分散對家人的關心，而雙魚座則是全心全意的對待每個家人，兩人與家人的相處方式完全不同。

天秤座的交友觀

在朋友眼中，天秤座是好到沒話說，對朋友真的很好，而且非常用心照顧。在天秤座的眼中，家人和朋友是在同一個天秤上的，沒有哪一方在他心中占的比重比較高，可是這樣也會給人一種天秤座比較重視朋友的感覺，家人畢竟是親人，而朋友沒有血緣關係的，不是嗎？

當然，也由於天秤座是喜歡朋友，不喜歡寂寞的，當然就會幾乎每天都呼朋引伴地過日子，日子過得較不孤單寂寞。

通常天秤座要交朋友是很快的，因為天秤座本身是金星守護，很有美感，而且本身很和善，當然很能吸引各方人馬，而且不論同性或異性都一樣，只是和朋友交往不要忘了「防人之心不可無」的重要性啊！

天秤座和每個星座的人都可以交上朋友，只是在他自己心中，會有一個天秤，能夠量出來哪一個比較輕（表面之交），哪一個比較重（可以深交的朋友），因此也不是所謂一視同仁，只是不想得罪任何人罷了！所以表面上對待誰都一樣。

面對牡羊座♈的朋友

天秤座是和平暖心的星座，很會關懷牡羊座，凡事以待人溫和為主，會盡量讓別人感受到他的關懷。他不會故意和牡羊座之間，起什麼惡意的衝突，但在一些人生的基本態度上，牡羊座會受不了天秤座毫無所求的態度。

對天秤座來說，世上沒有什麼特別重要的事；而牡羊座剛好相反，凡事要求有表現與爭第一，所以他很強勢的個性，會展現在與朋友之間的競爭上。對天秤座來說，覺得牡羊座根本是在拖累他自己，因此天秤座與牡羊座，可能需要互相砥礪一番。

面對金牛座♉的朋友

對於天生懂得專注的天秤座來說，天底下沒有什麼辦不了的大事，人生也要追求最優化的結果！更何況是有一群朋友罩著，沒有不能解決的事。

金牛座是個腦筋不太會轉彎的星座，但他對朋友的好，是大家有目共睹的。因此這兩人相處下來，是以天秤座的平和溫柔去改變立場太過堅定的金牛座；兩個人關係看起來還好，不會有讓人煩惱的狀況。天秤座很能和人溝通，可以多多幫助自己身邊的人，讓朋友之間的相處更和諧。

面對雙子座♊的朋友

雙子座和天秤座是很能溝通與協調的兩個人。本來雙子座和天秤座就是很會談判的星座，而且兩者的看法非常接近，人緣也都不錯，很能產生「生命鏈結」上的默契，這是因為他們的個性很相近。

可是在其他朋友的眼裡，雙子座和天秤座兩人，好像都是會說卻不會去做的人，怎麼完成現在的任務，在道理上說得頭頭是道，該從什麼做起也都知道，問題就在他們兩人的行動力比較弱，這是需要加強的地方。

面對巨蟹座♋的朋友

巨蟹座給朋友一種很愛跟「朋友的朋友」交朋友的感覺，與朋友們互動，對他來說，真的是生活的重心。而天秤座通常給人他和某個朋友比較好，跟誰比較不好的感覺。其實天秤座和朋友沒有特別好或不好，對他而言，朋友都在同一個「天秤」上，沒有誰特別重要。天秤座對待朋友是很公平一致的。

其實在生活的相處上，巨蟹座和天秤座是可以互相協調發展的一對朋友，雖然天秤座常會有很多事情需要巨蟹座幫忙，巨蟹座都很能包容。

面對獅子座♌的朋友

天秤座面對人生中的一切挑戰都很認真，而獅子座也是這樣的人，因此在他們的友誼中，還會衍生出互助合作，一起往人生目標邁進的合作關係。也就是說天秤座與獅子座很有可能並肩作戰，兩人合作之後的「戰力加乘」是很驚人的哦！看天秤座與獅子座「組隊」並肩作戰，是很有意思的。

天秤座的脾氣很好，不太會發脾氣，而獅子座和小孩子一樣，把發脾氣認為是「大聲溝通」。天秤座和獅子座是能互相配合的，如果有些爭執，也是一下就沒事了。只不過，不論是獅子座或天秤座都不要忘了，當兩個人一起合作時，自己該負的責任，一定要認真以對。

面對處女座♍的朋友

這是一個不太容易起衝突的組合。因為處女座很會處理與協調朋友之間的大小事務，也很安於現狀，又很能從生活中找到自己「生命」的樂趣。處女座不是那種我付出很多，別人也要有相同的付出才行，要不然就會覺得不公平的人。因此像天秤座這種很喜歡在外面走走跳跳的人，累了要找朋友來充充電時，處女座早就把「接待他」這件事安排妥當了呢！

如果是處女座情緒來的時候，天秤座也很會安慰處女座，天秤座是一個不怕麻煩的星座，本身很有耐性與毅力，加上人很體貼，所以要平撫處女座的心情是沒問題的啦！

面對天秤座♎的朋友

在一大群朋友裡面，如果同時有兩個天秤座，可就很有趣了。因為在天秤座的心中，大家在一起時，一定要很歡樂，這很重要！經過雙天秤座的加倍戰力，保證大家可以很開心又很快樂的團結在一起啊！

但是要注意，天秤座對自己的時間管理是比較沒有概念的，需要靠其他星座來提醒一下。還有，並不是每個人都適合成為天秤座的朋友，天秤座要知道哪些人是可以交往的，哪些人是不可交往的，千萬不要自找麻煩啊！

面對天蠍座♏的朋友

在基本的相處上，天秤座和天蠍座是非常好相處的一對，因為天秤座和所有星座都能相處愉快，只是很重視隱私的天蠍座在和朋友相處時，會希望有些私人的空間，能不被別人干擾，要有自己的小小「心靈角落」。

因此天蠍座和天秤座在一起時，會產生一點點觀念上的差異，天秤座喜歡跟朋友們聚在一起鬧一鬧，而天蠍座喜歡安靜的默默為朋友付出，在這點上，天秤座和天蠍座就有所不同了。

面對射手座♐的朋友

天秤座和射手座是可以好好相處的朋友。因為彼此都不愛算計別人，而且也都是喜歡直接講重點的人，能放開自己的心胸，在雙方遇到的問題上好好溝通。

只是天秤座天生愛被誇讚，所以講出來的話，會比較好聽，也想聽到讚美自己的言語，偏偏這個射手座總是直來直往，有什麼建議，也不想一想就說出來，還好天秤座不太愛計較，所以天秤座和射手座可以好好相處，只要能互相尊重，好好溝通，就沒有問題了。

面對魔羯座♑的朋友

天秤座和魔羯座是個性完全不同的星座，但是天秤座會和每個朋友都保持滿好的關係，而魔羯座也是很愛跟朋友們互動的星座。魔羯座和天秤座之間的朋友情誼是不錯的。

但是魔羯座的個性比較放不開，不會把心事隨便說出來。通常是魔羯座做了某個人生上的重要決定，其他朋友可能很難去改變他的想法，給的建議也不容易被摩羯座接受。當然魔羯座是不愛找朋友麻煩的人，如果天秤座和魔羯座有意見上的不同，可以讓天秤座和魔羯座好好溝通，才能建立良好的關係。

面對水瓶座♒的朋友

水瓶座和天秤座都是能在生活中找到好朋友的星座，而且對朋友都很好，可是天秤座仍舊會把摯友和點頭之交分得很清楚；而水瓶座是思維特殊的星座，可以在跟一堆朋友討論事情時，提出特別又有效的解決方案。

還好天秤座很會聊天，很能和水瓶座好好溝通，因此兩人的關係算是不錯。而水瓶座會比較需要個人沉思的空間來轉換心情，所以不要在他不想講話時去煩他，相信天秤座與水瓶座可以營造出良好的關係。

六 面對雙魚座♓的朋友

天秤座和雙魚座是很好相處的兩個星座，雙魚座是一個很能為朋友付出的星座，所以雙魚座和天秤座可以好好當朋友。只不過要多用心，兩人就能建立良好的默契，相處起來比較不費力氣，可以很愉快的。

天秤座和雙魚座的朋友組合，彼此可以互相搭配與幫忙，又很會關心對方。只是雙魚座付出的常常比較多，這是因為天秤座朋友數量太多，會分散了他對雙魚座的注意，而雙魚座可是全心全意的對待他「好友名單」裡的每個人。天秤座和雙魚座使用的是不同系統的「交友模式」！～♥

MOVIE

Chapter08

Scorpius

天蠍座

★

天蠍座的人生觀

天蠍座的人很重視權威，但是他們卻是躲在背後的幕後黑手，會對背叛他感情的人做出報復的舉動。天蠍座的人外表看起來很冷峻，其實他們的內心是很熱情、體貼、溫柔的。愛情上很專一，希望和愛人能坦誠相見。

天蠍座表面上看起來，好像是與世無爭、沒有權力欲望的人，其實他也是個想掌權及決策的人，因為如果大家的決定沒有照他的意思的話，他也會想盡辦法，不管是用講、寫、聽、做，就是要讓大家往他想要的方向走。

天蠍座對於宗教、愛情及性愛，都有強烈濃厚的興趣及欲望。他們的本能就是會去探究一些宗教信仰或社會改革的議題，天蠍座相信他們的能力能改變某些事物。

天蠍座是個表面看起來冷酷、不近人情的人，但當他們想追求自己的心上人時，那這個異性就很幸福了，蠍子表現出來的行為，完全不像他的外表給人的冷冽感，而被追求者會看到一個熱情滿滿的人，而且只要是與他有關的人、事、物，天蠍座都會展現高度的專注，讓人覺得很暖心，但是其他人會懷疑地問這個天蠍座真的是原本所認識的那個「天蠍座」嗎？

天蠍座有縝密的頭腦，因此他們的理解力及分析力是一流的，從他們的表面是看不出任何跡象的，「神祕、冷漠」是他們給人的感覺，如果想要深入的了解天蠍座，一定要默默與他們建立良好友誼，才有可能進一步了解他們，不要想在三、兩天之內就想同化「蠍子」，那是不可能的，一定要耐心培養友誼，否則就免談了。

天蠍座的家庭觀

天蠍座其實和家人的關係是很親密的哦！很關心每個家人。可是天蠍座卻給人一種疏離感，感覺上不是很熱絡。

而偏偏天蠍座又喜歡透過權力的操控，去掌控每個家人的行為，有時會造成家中某些成員的不舒服反應；不過，也有某些星座的家人，會感覺到有被真心照顧的溫馨感。天蠍座是一個對家庭有責任感的人。

如果和天蠍座是同一家人的話，是沒有辦法保有自己私人祕密的。因為天蠍座喜歡掌控別人，去影響別人的星座，他覺得這樣藉以證明自己是很重要的；不過會讓家人有不服氣的地方，因為他讓大家都不能有自己的祕密，可是唯獨天蠍座本人可以。因此與天蠍座同一家人的時候，就要多多包涵。天蠍座本來就很聰明，想要能控制這隻蠍子是很難的哦！

可是也不能否認，天蠍座很能了解每個家人的心態；因此和天蠍座在一起時，會覺得他真的很善解人意，但是這是旁人在心情不好時會這麼想，當心情好不想找人聊天時，又會覺得天蠍座管太多了！

面對牡羊座♈的家人

牡羊座和天蠍座都屬於脾氣不太好的星座，只是牡羊座比較陽光，話藏不住，有話就說，更希望能當一個發號施令者。而天蠍座是屬於要自己做自己的個性，只要「人不犯我」即可。只是天蠍座仍舊有一些潛在的「權力欲望」，不會發自內心與牡羊座和平共處。

因此可能在相處上牡羊座要收斂一點脾氣，而天蠍座不要表現出一副很能探知別人心事的樣子；甚至有時沒顧慮到牡羊座的愛面子，而隨意說了一些牡羊座不想讓人知道的事，那就不太好了，彼此要維持良好的關係。

面對金牛座♉的家人

對金牛座來說，天蠍座是個不好了解的人，因為天蠍座本身就很有自我想法與見解，而且他是一個不願意讓別人來探知自己心意的人，可能連最親近的人，都無法了解他在想什麼，當然金牛座就更搞不清楚了。

金牛座是比較直接的人，很少拐彎抹角，不像天蠍座心事總放在心裡。因此這兩人在相處上需要耐心及默契的培養。以天蠍座的小心個性，很少有事可以逃過他的法眼，所以有困難也能迎刃而解，金牛座不妨主動和天蠍座溝通。

面對雙子座♊的家人

雙子座和天蠍座同樣有著靈活多變的頭腦。只是雙子座比較外向活潑，有話不會藏心裡，讓人感覺比較沒有心眼兒。天蠍座就不一樣了，什麼事都是放在心裡，想得很多，總給人比較灰暗的感覺，互相比較之下，雙子座就是比較陽光外放的星座了。

當然，有著雙子座和天蠍座的家人，家中的新資訊絕對少不了，連鬥嘴也很有意思的哦！不過，可別開玩笑得太過分而傷到感情了。

面對巨蟹座♋的家人

在一個家庭的成員中，若有天蠍座，那他一定可以稱得上是這個家裡最具有決策力的人，而他本身也希望能掌控權力，而且天蠍座也會是個顧家的成員，這一點是絕對可以肯定的。而巨蟹座基本上和天蠍座在心思和想法上不會差很多，所以要說起來，天蠍座和巨蟹座這兩個星座在家中的相處可以很和諧，因此都算是顧家的人。

面對獅子座♌的家人

其實在家庭生活中，天蠍座是屬於親密但不黏膩的人，這樣和獅子座是可以合得來的。因為獅子座比較需要大家關心，要別人注意他。而天蠍座是最會拿捏別人心理的星座，對於這個和大孩子般的獅子座，自然能照顧得服服貼貼。

再加上不論是獅子座或天蠍座，都不是喜歡那種太過黏膩的親屬關係（除非是自己的另一半），正好符合兩個人的個性，所以在家中的相處，應該還算不錯，不會有什麼太大的問題。

面對天蠍座♏的家人

對於一個家的付出，處女座和天蠍座是不相上下的，都很能為家庭打拚奉獻。可是要說到對家裡的管理方式，處女座和天蠍座就會產生不同的想法了。處女座完全是以家為重，不會去干涉家人，而且會把家裡的事都做好，讓其他家人覺得回家就可以放輕鬆休息，感覺是舒適自在的。

天蠍座雖然也是一個能為家付出的星座，可是卻會有想要掌控的欲望，對於家庭有操控的野心。當然啦！有的成員會覺得沒什麼嘛！可是有的成員就會覺得天蠍座怎麼管這麼多啊！

面對天秤座♎的家人

在基本的相處個性上，天秤座是可以和天蠍座在同一個家庭中好好相處的，因為天秤座本來就很能和所有星座相處愉快。只是很重隱私的天蠍座在家裡時，就希望是能完完全全屬於個人生活，不願讓別人來打擾。

天蠍座不太願意朋友來家裡，不是不夠熱忱對待朋友，而是希望有自己的空間。因此在日常生活中，和天秤座在生活上就有了一些差異：天秤座喜歡呼朋引伴，而天蠍座喜歡安靜的家庭生活。在這點上就可能有爭執出現。

面對天蠍座♏的家人

同是天蠍座的家人，對於彼此的習性會很了解。只是天蠍座是一個比較神祕的星座，不太願意讓人了解自己，所以會希望能擁有自己的私人生活，不要被打擾。

只不過，偏偏兩人都是天蠍座，那麼會有想要去探人隱私的欲望，更想去挖掘別人的祕密，這就可能會造成一些問題。因為他很聰明，和別的家人相處時，其他人是對天蠍座不夠了解，可是同屬天蠍座就不同了。不過，最好不要隨意做破壞感情的事，這樣對雙方都比較好。

面對射手座♐的家人

天蠍座和射手座的個性完全不同，在相處上就不是那麼有默契。剛好天蠍座是陰性星座，而射手座是陽性星座，如此個性、交友、家庭生活上就是不同的態度在面對了。

射手座很外向，凡事不太計較，想的自然也就沒有那麼多，不過這種個性是比較好相處，大剌剌不計較。而天蠍座比較會去探人隱私，這是射手座比較不喜歡的，可是天蠍座也看不慣射手座的粗心。彼此講話的方式上，射手座比較直來直往，真讓天蠍座受不了。

面對魔羯座♑的家人

魔羯座是一個很努力於自己責任範圍工作的星座，話不多，又不會表達自己，天蠍座認為他真是怎麼說都說不通的人。魔羯座本身就很內向，再加上不喜八卦，自然是安靜的一方。而天蠍座對那種不講話的家人，是很有興趣會想好好了解的，同一家人嘛！總是要關心一下的。

在日常相處上，魔羯座比較沒有情緒，通常埋頭於自己的事。天蠍座就是想得多，自然事情也就多了，兩人不太會有很深的默契。

面對水瓶座♒的家人

天蠍座和水瓶座如果是朋友的話，那又是一對不搭調的朋友。還好同是一家人，總是要互相關懷，培養家人深厚的情誼吧！

水瓶座是比較自主的個性，再加上很獨立，所以總是讓別的家人覺得不太需要用心去照顧他。水瓶座的確很獨立。天蠍座是一個比較想要別人注意的星座，但又不願意表明出來。因此讓人覺得有些神祕的感覺。彼此要多多關心對方才對哦！

面對雙魚座♓的家人

同是水象星座的兩人，對於直覺都有很強烈的第六感，因此情緒特別敏感，彼此都是很需要別人關心的星座。只是天蠍座比較喜歡去了解別人，探索別人，還好這個對象是雙魚座，很能配合天蠍座。

天蠍座和雙魚座的相處上，應該互相多留一些空間給家人，這樣才能有彼此的生活空間，自然會增進家裡和樂的關係。不要什麼都為對方想好，總要有彼此可以自行發揮的空間。

天蠍座的交友觀

天蠍座是一個很能看透別人心事的星座。因此常常會讓和他一起相處的朋友，認為天蠍座的人真是精明能幹。

其實有個天蠍座的朋友也很不錯的。因為天蠍座真可以說是很善解人意的一個星座，對朋友很照顧；又會讓人有一點「距離感」，也有一些「神祕感」，這些天秤座是無法了解和掌控的。

另外，天蠍座是很能看穿別人心中想法的人，所以千萬不要有事想騙他，或是不想說出來，而去哄騙天蠍座。這點是沒有用的，因為天蠍座是一看就知道了，如果想騙他，反而會讓天蠍座從此對他這個朋友失去信任，這就沒有意義了。

在十二星座中，金牛座和天蠍座都是屬於占有欲望很強的星座，雖說這似乎是在愛情方面會表現得比較強烈，可是在和朋友方面就還好，但有時仍會有這種占有欲的表現。因此如果有天蠍座的朋友，就要在他面前表示和他是最好的朋友，這樣關係會比較好。

總之，天蠍座是一個希望成為大家注意的焦點，又不要別人來窺視他的星座。

天蠍座與12星座朋友的關係

面對牡羊座♈的朋友

牡羊座和天蠍座脾氣都不太好，只是牡羊座有時候心思藏不住，有話就想直接說出來。而天蠍座需要一個讓自己有發揮空間的小世界；只要大家別來煩他就好。只是天蠍座也有一些潛在的一面，不會從內心真誠對待牡羊座。

因此在相處上，牡羊座要收斂自己的怪脾氣，天蠍座要隱藏一下追蹤別人心事的能力，甚至要顧慮一下牡羊座的自尊心，不要隨意去說別人不想讓人知道的事，那就太不好了。天蠍座和牡羊座之間要努力維持彼此良好的關係。

面對金牛座♉的朋友

對金牛座來說，天蠍座是個不容易理解的人，因為天蠍座很有自我的概念與見解，他是一個不願意讓別人看清自己內心的人，連最親近的人，都無法了解天蠍座在想什麼，更何況是身為金牛座的朋友。

金牛座是個性很直接的人，說話很不喜歡繞著圈圈轉，不像天蠍座習慣把不滿的心思放在心裡。因此這兩人的相處，需要耐心及默契的培養。天蠍座總是小心翼翼，很少有事情可以逃過他的「法眼」，不管人生遇到什麼困難都能解決，金牛座和天蠍座不妨多嘗試理解雙方的真正想法。

面對雙子座♊的朋友

雙子座和天蠍座，都是靈活多變的高手。只是雙子座比較活潑愛玩，有話不會藏心裡不講，有事直說出來，讓人感覺雙子座比較沒有心機。天蠍座就不同了，什麼事都愛藏在心裡，想很多有的沒有的，給人有點憂鬱的印象，比較之下，天蠍座就顯得陰沉多了。

雙子座和天蠍座在一起時，因為他們提供雙方的新資訊很多，氣氛會變得生氣勃勃，不過雙子座和天蠍座要小心，不要因為小事而針鋒相對，傷了和氣。

面對巨蟹座♋的朋友

在一群姊妹淘或死黨中，若有天蠍座在，那他一定是這群朋友裡，最具有決策力的人了。天蠍座希望能掌控權力在自己手中，而巨蟹座基本上也是和天蠍座一樣，同屬水象星座，當然在心思和想法上也跟天蠍座很像，只是天蠍座權力欲望很強，而巨蟹座比較甘於平凡。天蠍座和巨蟹座這兩個星座在一起時，感覺算是普普通通，但都是會為了朋友付出的。

面對獅子座♌的朋友

天蠍座是個喜歡和朋友並肩作戰的人，他和獅子座非常合得來。因為獅子座很需要別人的關心與讚賞，喜歡別人多注意他。而天蠍座是很會觀察與調控別人心理的星座。

天蠍座對上獅子座，自然能將一切安排得妥當，再加上不論是獅子座或天蠍座，都不喜歡太過親密的朋友關係，正好符合獅子座和天蠍座兩個人的個性，所以在平常相處，感覺應該還不錯，天蠍座與獅子座在一起，不會有什麼太大的問題啦！

面對處女座♍的朋友

對於朋友的付出，處女座和天蠍座是一樣的，都會把朋友看得很重。但是遇到朋友圈之間起了糾紛，處女座和天蠍座就會產生不同的想法了。處女座會以尊重一切的態度來看這件事，不會去干涉其他朋友的行為，讓朋友覺得有處女座在，就會有一個平衡的力量，不會讓這件事變得更複雜，因為充滿智慧的處女座，是不會帶著汽油桶來砸場子的，他可是「神隊友」。

而天蠍座雖然也是一個很能為朋友付出的星座，可是他有想要掌控權力的欲望，對於身邊的朋友比較有操控的野心。因此有的朋友就會覺得天蠍座有時候怎麼這麼討厭啊！

面對天秤座♎的朋友

天秤座可以和天蠍座好好相處，因為天秤座是個很能和所有人互相協調的人；只是很重視自己個人私領域的天蠍座，在遇到天秤座時，天蠍座還是希望能有自己的空間，不願讓這個天秤座朋友管太多，而變成另一種形式的擾亂。

所以身邊的其他朋友可以觀察一下，天蠍座不太願意更改他自己規劃好的生活計畫，當他的朋友不用給太多的意見，只要偶爾提醒天蠍座一下就好，天蠍座的他不是不夠熱心，而是希望有自己的發揮空間。

因此和天秤座在一起面對相同問題時，就有不同差異：天秤座喜歡找很多朋友來集思廣益，而天蠍座喜歡安靜的慢慢策畫。在這點上，天蠍座和天秤座是很不同的。

面對天蠍座♏的朋友

兩位同是天蠍座的朋友，對於彼此的個性會相當理解。只是天蠍座是一個比較神祕的星座，不太願意讓其他人了解自己的想法，所以會希望能擁有自己安靜的生活，而不要被朋友打擾太多。

只不過，兩個都是天蠍座的人，常常會想要去探查別人心中的想法，這會造成一些問題。因為他們很聰明，和別的朋友相處時，其他人會因為對天蠍座不夠了解，而造成了誤會，希望天蠍不要隨意做出破梗的舉動，以免影響朋友之間的感情。

面對射手座♐的朋友

天蠍座和射手座個性不同，在相處上沒有什麼默契。因為天蠍座和射手座在個性與生活上，都是用不同的態度去面對的。

射手座外向開朗，凡事不愛計較，想的自然也就沒有那麼多，不過這種個性是比較容易和朋友們相處的，不會計較太多。而天蠍座比較會去刺探朋友的隱私，這是射手座最不喜歡的；可是天蠍座也看不慣射手座的粗心大意。在講話聊天時，射手座太直接，往往會讓天蠍座受不了！

面對魔羯座♑的朋友

魔羯座很努力於自己責任範圍內的工作，因為他話不是很多，又不會表達自己的想法，天蠍座常會認為魔羯座真的是怎麼說都說不通的人。魔羯座本身很內向，再加上不喜歡探究他人隱私，自然是靜靜完成自己的職務；而天蠍座對那種不講話的朋友，卻會產生興趣想好好探究一番。

在日常相處上，魔羯座比較沒有起伏很大的情緒，總是埋頭於自己的世界裡；而天蠍座則是想很多，自然會找很多事情來做，天蠍座與魔羯座兩人不太容易建立很深的默契與友誼。

面對水瓶座♒的朋友

天蠍座和水瓶座如果是朋友的話，可是一對不太合得來的組合啊！這該如何是好呢？其他身邊的朋友就要負起雙方溝通的橋樑，要多多幫他們。天蠍座與水瓶座總是要互相的合作，來培養雙方的共同情誼吧！

水瓶座比較自主，再加上個性很獨立，所以總是讓別的朋友覺得不太需要擔心他，事實上水瓶座也的確很能幹。但是天蠍座是一個需要朋友關注，卻又不願意表明的星座，因此大家會覺得天蠍座很神祕。建議天蠍座，身為水瓶座的朋友，天蠍座要多多表達自己的關心才好啊！

面對雙魚座♓的朋友

同是水象星座的兩人，對於感覺和直覺都很強，因此情緒特別敏感，彼此都很需要別人關心。只是天蠍座比較喜歡探究朋友的隱私，還好被探查的是雙魚座，很能配合天蠍座的好奇心！

天蠍座和雙魚座的相處上，應該互相多留一些空間給彼此，自然會增進雙方在相處上的感情。當然，天蠍座與雙魚座本身通常也能保留自行發揮的空間，只要兩個人不要太愛互相較量，這樣才可以保證雙方友情長存。

Chapter09

Sagittarius

射手座

★

射手座的人生觀

變化多端與不受拘束的自由自在個性，是射手座的特色，他喜歡用自己的節奏，過著自己想要的人生，有時很心急，想要馬上找出生命中暗藏的祕密，偶爾會被人發現他的急切渴望。

射手座的人緣很好，因為他對人態度都很好，總是用樂觀的心情來和朋友交往，是大家心目中的好朋友。

射手座脾氣溫和善良，很討厭遇到喜歡找人麻煩的人，他能將身邊的環境好好控管，讓自己身處的環境很平和安全，如果討人厭的人物出現，射手座都能偷偷溜走，讓人生平凡浪漫的過著就好。

只是射手座總是要追求人生一帆風順，結果讓日常生活過於單調而太空虛，射手座要學會掌握生命的平衡與長遠的計畫，來豐富自己追求的平凡日子。

射手座充滿好奇心，很樂天且不怕沮喪失敗，能靈活運用智慧，總能幫自己找到新的思維與想法，他也充滿好奇心，這樣的結果，會造成射手座總讓自己很忙碌，一直想辦法追求特別的未來人生路。

射手座的家庭觀

射手座雖然有喜愛冒險的性格，但是等他想要安定下來經營自己的家庭時，他會把以前那種隨興遊樂與漂泊人生的錨定下來，射手座會開始學習如何安定去經營一個自己想要的家庭。

射手座總是能贏得尊重與崇拜，他能在應該認真的時候，努力不懈；在該淡定時，沉靜以對。承受得了風風雨雨，也能忍得住平淡無奇的「小日子」。射手座雖然不一定能夠在家裡做到圓融無失，但有時他會付出他最真摯的親情，讓家人總是能夠原諒他的魯莽與失誤，因為他會用最真誠的意念，來撫慰家裡每一個人的心。

射手座的態度隨興，又不願表露出他的心情，可能會讓家人認為他感情不夠豐富，其實這是錯的，射手座愛家的心思，是放在行動上的，他們能夠擔當起家中的大小事務而沒有怨言。

真誠與尊重，是射手座最重視與家人間的相處之道。他會尊重家人的想法，也希望家人能如此對待他，在射手座的支持與鼓勵下，家人們會有很大的空間，發展各自的未來。

不論家人未來的選擇是什麼，射手座都能保持著鼓勵的態度，希望家人開心的工作與享受人生就好，他喜歡當家人的後盾。

射手座在家裡的表現，最大的特點就是認真負責，他們總是能好好的扛起家中重任，讓家人不會有後顧之憂。

射手座與12星座宗人的關係

面對牡羊座♈的家人

基本上他們的個性是相似的，都很開朗又活潑，也很討人喜歡，這是射手座和牡羊座基本的特色，牡羊座要求擁有榮譽感，希望是受人尊重的人，最好大家都會聽從他的指示。

但是射手座不一樣，他要的是自由自在與不受拘束，最好家人都別太在意我。這樣會讓牡羊座的家人產生無法理解，感到疑惑，射手座則會認為牡羊座實在是愛找人麻煩，何必管這麼多呢？因此在相處上，牡羊座會影響射手座，彼此相處的最好方法，是牡羊座讓射手座懂得認真一點，射手座要讓牡羊座懂得放輕鬆。

面對金牛座♉的家人

射手座實在很直接，想說就說，想做就做，是那種跟家人相處非常直接豪爽的。在整個家庭關係中，和金牛座可以相處得很好。金牛座是很實在的星座，也是習慣直來直往，把照顧家庭當做是自己的責任，自然屬於不拐彎抹角的人；只不過有時候金牛座容易鑽進死胡同，這是他個性上的缺憾，難免會有些固執。

身為家裡開心果的射手座，應該要盡量的去理解金牛座，讓金牛座不要想太多，才可以跟全家人生活得比較愉快，金牛座也可以比較開心。

面對雙子座♊的家人

大家都相信雙子座是個理論大王，這回他可是棋逢敵手，一旦碰上射手座，他會逼到無話可說了。射手座和雙子座兩人如果碰在一起，好像什麼事情交到他們兩人手上，就絕對不會有問題。實際上，雙子座和射手座的確都知道該怎麼做，就是沒有實際付諸行動罷了。

因此，對於雙子座和射手座，需要其他家人的提醒，這樣才能提升效率，也不會淪於只說不做的境界，更能讓家人感情更好。

☆面對巨蟹座♋的家人

巨蟹座是很愛家的，但是和射手座成為一家人時，巨蟹座很可能會受不了射手座那種若即若離的感覺，覺得射手座對這個家沒放什麼心思，要在外面玩累了，才會回家休息。

在巨蟹座和射手座的互動上，一定是巨蟹座想得比較多。因為站在關心家人的立場上，射手座比較外向，好像不懂怎麼去關心家人，這可能也是射手座必須學習的課題，那就是如何和家人溫馨相處，怎麼適時表達關心，相信常和巨蟹座共處，必定會有一番收穫。

☆面對獅子座♌的家人

對於家庭的觀念上，獅子座和射手座有其相似之處，他們都不喜歡拘謹的家庭生活，更不願意因為家庭而限制了自己的發揮空間。

當然獅子座和射手座也不是對家庭毫不關心，只是他們比較不會表達出濃烈的感情，但對於家人互相之間的關心是不會少的，不管怎麼說，大家都是家人啊！

☆面對處女座♍的家人

處女座是很中規中矩在過生活，凡事以家庭為重，很少會出現超越本份的行為。可是射手座就會想做什麼就做什麼，感覺起來對家庭沒有什麼深厚的情感，所以難免有時會給家庭的其他成員一種毫無存在感的印象。

但對於處女座這個熱愛家庭的星座來說，只要知道射手座大概在做什麼就好了，不會去干涉射手座的工作及習慣。當然，偶而講幾句應該是躲不過的。互相體諒是一定要做到的。

☆面對天秤座♎的家人

天秤座和射手座是可以好好聊聊的家人。因為彼此沒有什麼心機，而且也都屬於有話就說的類型，能放開心胸來好好溝通。

只是天秤座天生愛被誇獎，當然講出來的話，都會比較好聽，也想聽好聽與讚美自己的話，偏偏這個射手座家人，是那種比較直腸子的個性，有什麼說什麼，還好天秤座也不是太計較的星座，所以天秤座和射手座算是可以好好相處的家人，只要能好好溝通那就沒有問題了。

☆面對天蠍座♏的家人

天蠍座和射手座個性是完全不同的，在相處上就產生了默契不足的問題。所以在生活上，往往是用不同的態度在面對問題。

射手座外向而不愛跟別人太計較，想得自然也就沒有那麼多，這種個性真的是比較好相處，家人都會很喜歡。而天蠍座比較喜歡探究人家的祕密，這是家人不喜歡的地方，畢竟每個人都應該擁有一個祕密的心靈空間。在彼此相處上，射手座的直來直往，常常讓天蠍座受不了。

☆面對射手座♐的家人

射手座對家庭是衷心的照顧。在性格方面，他是誠實又真心的家人，在許多與人相處的事情上，都能展現他圓滑的天賦，外交手腕威力滿表，不但擁有貴族氣息，而且講究民主，喜歡跟家人討論關於觀察力和推理能力的問題。

兩個射手座在親情上，有時熱情如火，有時卻漠不關心。這種陰晴不定的親情展現是注意力分散於其他很多事物的傾向，不願意將自己的專心堅持在單一目標。

他們在家裡很幽默，動作也很迅速，喜歡在家庭生活裡搞創新與製造笑料，常常將快樂帶給其他家人。屬於行動派的射手座，做事如射箭一樣的快，想到的事就會馬上付諸執行，執行能力很強。

☆面對魔羯座♑的家人

個性與習性完全不同的射手座和魔羯座，在同一個家庭中，射手座有些散漫又不會主動幫忙家事；但是魔羯座不同，他是富有責任感的星座，該自己做的事會盡全力去完成，而且還會主動找其他的事來做。

因此從生活中的習性，或是在家裡的日常表現，魔羯座實在是受不了射手座的粗心，但射手座也覺得魔羯座太過於積極了，實在很煩啊！因此在家中，可能射手座與魔羯座兩人有需要坐下來溝通，用家人的情誼來了解彼此的不滿。

☆面對水瓶座♒的家人

射手座和水瓶座有一個共通點，就是個性獨立自主，不會去在意其他家人的行為，所以兩人對家庭的概念非常相近。

射手座和水瓶座兩人，都是不會依賴家人的星座。生活習慣與方式都喜歡自己完成，射手座活潑外向又很容易交朋友，很多事情有自己的想法與堅持，滿嘴的可以商量哦！而結果還是以自己的決定為主，對於家人的建議只是聽開心的，所有事情仍依照自己得心意決定才能進行。

面對雙魚座♓的家人

對於雙魚座的長期憂慮狀態，是射手座比較無法忍受的地方。既然是一家人，有問題就要說出來，可以讓大家一起討論解決。何必要弄到傷心難過的樣子，這樣別人看了也不開心。射手座自己就是樂觀開朗的人，會希望可以帶動雙魚座的家人跟他一樣開心過生活。

射手座的交友觀

在亮麗的外表下，射手座是大家很喜歡的人，但是喜歡他的人，就很喜歡他，不喜歡他的人，就很討厭他。而且他那常常會衝動的個性，有時候會讓身邊的人也隨著躁動起來，另外，射手座有很強的行動力，在面對困難險阻時，不會一成不變的硬拚，而是理智地克服問題。

品德好且個性佳的射手座，是個可以真心交往又值得信賴的好友，對待朋友很直率，也懂得去包容朋友，就算和朋友發生爭執，也會用幽默感來化解僵掉的氣氛，就算他有時候對朋友陰晴不定，但是很積極的他，只要給他時間，很快就會調整好情緒的。

射手座的朋友，幾乎都是人生各階段累積而來的摯友，其他人都只是泛泛的點頭之交，在射手座被朋友包圍時，他會感到充滿安全感的幸福。因為射手座天生很吸引人，充滿受人歡迎的氣質，又因為性格善良，所以總是有非常多的好朋友。

雖然要射手座待在刻板的工作裡，或是公司中的一個小小位置，可以讓射手座感到安全，但是還是要找到自己的人生定位，想辦法抓住可以成功的機會，若不能發揮自己的才氣，那就太可惜了。積極獨立的射手座，最討厭被重複的工作封鎖，有機會就會逃到可以表現自己的工作裡，他喜歡獨立自主的工作，可以發揮他很強的行動力與智慧。

射手座有時對人事物會出現忽冷忽熱的心情，一下子很熱絡喜歡一件事物，不知道又為什麼，到了一個時刻，他的興致又開始慢慢變淡，但是因為射手座很坦率，所以當他的好朋友，必須體諒他這一點。

射手座性情開放樂觀，不喜歡被束縛，總有一種吸引人的魅力。他崇尚自由，不愛不合理的規範，他感覺靈敏，思考之後才會有所行動。射手座行動前，會制定好未來的目標，不被生活限制，也會小心不要掌握到未來的可能性之後，反而慢慢失去追求的熱情。

射手座不想要配合別人的規矩，也不想對討厭的人說討好的話，是射手座在交朋友時的弱點。但是他正義感十足，總是能夠散發活力去對待身邊的朋友。

射手座的朋友，會隨著生活圈變大而更加擴大，這些好友很多都會在人生路上，提供應有的幫助，讓射手座更上層樓，朋友運很強。只要控制好過於直白的態度，不要傷害到別人的心情，多練習建設性的對談，全心協助朋友，讓朋友運得天獨厚的射手座，可以多幫助別人也同時能幫助自己。

射手座不在意世俗的眼光，所以他最好用細膩的頑皮純真，來找尋生命中值得體會的人生之路。

射手座與12星座朋友的關係

面對牡羊座♈的朋友

牡羊座和射手座同屬火象星座，彼此的脾氣都有改善的空間。不過，射手座與牡羊座的相處默契有一定的基礎。但是牡羊座和射手座還是有一些不同的差別：牡羊座是個喜歡別人誇獎鼓勵的人，愛面子勝過一切；射手座則是很實在，常常有話就說。

射手座常常太白目，有時真是完全不給牡羊座面子，讓牡羊座產生憤怒的感覺。傷了牡羊座的自尊心是很危險的哦！射手座要學會達到「想了再說」，或是想了不說，別太過於直白，牡羊座就是希望得到朋友的讚美，多講講逗他開心的話又不會怎樣啊！

面對金牛座♉的朋友

射手座是活潑又能說善道的星座。因此金牛座和射手座很容易有共同的話題，這樣可以建立朋友間良好的默契。

射手座會很清楚怎麼自己排解情緒，又很能跟摯友溝通，不愛把問題放在自己心裡不說，因此不愛表達自己的金牛座會被射手座的言行而帶動。

☆面對雙子座♊的朋友

射手座活潑外向又健談善道，對於未來也有很多自己的想法；而雙子座也是個「未來學」的學術大師，射手座與雙子座根本是絕配。

雙子座和射手座在一般人眼中，都不是那種苦幹實幹的人，而是屬於很會讓自己放輕鬆的星座。難怪兩個人很喜歡在一起聊天，不會給對方壓力，其實交朋友最重要的就是互相關懷啊！

☆面對巨蟹座♋的朋友

射手座是一個不需要「產品說明書」介紹，大家就已經完全理解的星座。他個性很開朗，做事情幾乎都不太會去考慮接下來的後果，反正先做先贏，而且看得很開。不開心也要過一天，快樂狂歡也要過一天，何必要讓自己變成「受虐兒」呢？

因此，在射手座眼中的巨蟹座，根本是「挖坑自己跳」的人，永遠都有擔心不完的事，讓射手座受不了。因此，射手座和巨蟹座這兩人的朋友關係，真的是水靜無波，沒什麼特別吸引人的地方。

☆面對獅子座♌的朋友

射手座和獅子座是什麼事情都能一起配合的雙人組，他們在個性上也很相近，都是火象星座，雙方都是比較外向與活潑的。

只是射手座與獅子座在性格上有一點差異，可是這是沒什麼關係的。獅子座是比較喜歡大家簇擁他的感覺，而射手座要求比較不多，但他們都是天性樂觀的星座，雖然基本個性上有點差異，但是其實是大同小異，沒什麼太大的不同，能一起分享人生的美好，情緒不好時，也能互相陪伴哦！

☆面對處女座♍的朋友

處女座給別人不夠熱情的感覺，但這是處女座的個性，他有自己喜歡的想法與思維，因此與射手座這種外向開朗的朋友在一起，處女座看起來有些冷漠，也讓射手座覺得處女座真的很麻煩、很難理解。

當然，不能好好相處，不是不能成為朋友的理由，要說到談天說地，處女座和射手座都能隨意搭話，可以講些不重要的事情，逗得全部人開懷大笑，反正聊天也沒有規定一定要有重點呀！

面對天秤座♎的朋友

天秤座和射手座是看法相近的星座組合，他們都喜歡與朋友聊天談心，喜歡接收新的資訊，彼此又很能溝通與理解，天秤座和射手座是很有默契的一對星座組合。

只是天秤座天生樂觀，希望一切都要均衡，所以在任何場合，都喜歡控制場面，喜歡誇獎別人，讓在他身邊的人都很開心。而射手座在溝通能力上，則是直來直往的，認為別人哪裡有要加強的地方，就會提出問題來指正，不會有什麼顧忌，常讓對方聽到氣得火冒三丈。但是射手座卻覺得沒有什麼大不了！

面對天蠍座♏的朋友

天蠍座是喜歡掌控朋友，讓他的朋友常常會受不了。這時候，就要看對方的個性了。射手座是一個比較開朗的星座，很愛跟朋友交往，只是天蠍座和射手座對於交朋友的傾向有些不一樣，射手座希望好朋友越多越好，而天蠍座希望獨享朋友的眷顧。

射手座是不會把對朋友的喜愛放在嘴邊說，這可是讓射手座在天蠍座眼中，認為是不夠了解自己的朋友。

面對射手座♐的朋友

射手座有時粗心大意又心直口快，容易得罪人，但是他們很有耐性，能把人情世故與三思而行混合使用，偶爾不聽勸告與過度不切實際，但能按部就班的去計畫未來。他們個性敏感又有點浮躁，有時候容易得罪別人，但是都願意衷心道歉。

雖然射手座容易改變心意．但有責任感，一旦看中目標時，就會迅速去完成，但如果過程中遇到多次失敗，也不會放棄，會再選擇新的機會繼續嘗試，由於不喜歡束縛，個性相當自由奔放，往往朋友或旁人的忠告都無法影響他，因此是需要摯友多多提點的星座。

面對魔羯座♑的朋友

魔羯座和射手座不太可能成為好朋友。原因是彼此之間的個性根本不合，有磨擦是常有的事。射手座的個性不太穩定，而魔羯座則是穩重無比，所以在日常生活上，魔羯座可以影響射手座比較穩定，而射手座也可以讓魔羯座多一點放輕鬆的機會。

既然射手座和魔羯座成為好友，那麼彼此溝通就是一門大學問了，因為雙方的溝通模式太不相同了，光是要找出兩個人都可以接受的論點，就要花掉很多時間去思考了。

☆面對水瓶座♒的朋友

水瓶座與射手座兩人都是「我喜歡我自己！」的人，只是射手座比較喜歡和每個人都好好交往，而且他是個很好相處的人。而水瓶座是在和摯友一起時，脾氣很不錯，而且又不會造成大家的困擾。其實水瓶座是非常堅持自己看法的人，射手座可能會覺得水瓶座，平常很能溝通，可是有些時候，射手座會覺得水瓶座有點冷漠，完全不能理解。

射手座對於去改變水瓶座這件事，根本沒有興趣，人的想法本來就不同，尊重每個人吧！

☆面對雙魚座♓的朋友

當射手座和雙魚座在一起，雙魚座就會乖乖地跟著射手座去玩樂。因為射手座活潑又開朗，而且對於各式享樂都很有自己一套主見，而雙魚座本來就是一個喜歡跟著朋友去玩的個性，比較沒有自己的意見，因此會和射手座相處得不錯哦！～♥

Capricorn

Chapter10

魔羯座

★

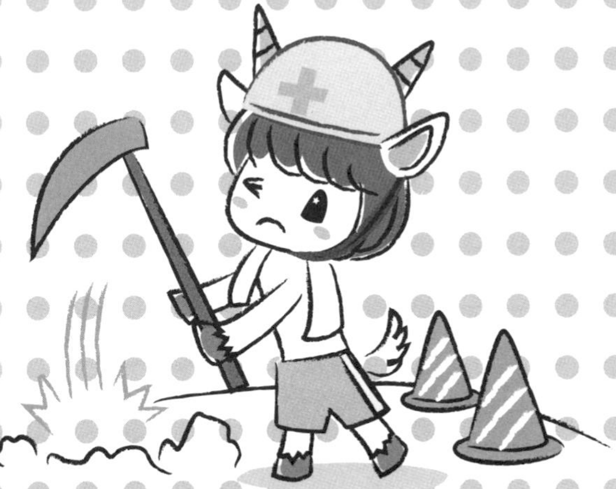

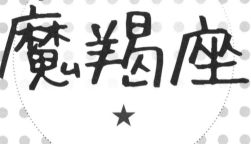

魔羯座的人生觀

其實要從人群中發現魔羯座是很困難的，他們並不像有些星座的特徵，一眼就看得出來。

魔羯座天生就有一種自傲的氣息，不過他也的確有那個條件，因為他總是默默努力，暗中觀察，讓每一件他經手的事情，能在完全掌控，表面看不出任何浪花，私底下卻是波濤洶湧，魔羯座早就已經完全控制了。

魔羯座表其實給人很溫和的感覺，也能快速融入團體之中，但是可以運用潛移默化的效力改變周圍的人傾向於他，也就是拉攏人站在他這邊。

魔羯座總會給人一種淡淡的憂鬱和一點點嚴肅的樣子，那是因為對自己的要求滿嚴格的，做事一定要做到最好，而做人則要做到律己甚嚴。因此魔羯座是一個表面溫和但內在嚴肅的人。

魔羯座由於外在表現的嚴肅，因此大家一定都會覺得他是個不好親近的人，其實在他的內心有如一顆冬陽，會慢慢的把他的暖意散播出來，讓暖暖的陽光慢慢去溫暖別人，讓大家都覺得原來魔羯座也有這麼溫柔的一面。

在世界上，每個人都需要別人的讚美，只是接受讚美的方式有所不同，有的是欣然接受，有的會不好意思。而魔羯座呢？表面看來若無其事，其實心裡是很高興的。因此只要多多讚美魔羯座，他會更加愉快，辦起事也會更加順利。

其實魔羯座很具有藝術的天分，只是有的人自己不知道，仔細回想起來，應該可以發現魔羯座不管是對審美觀或音樂天分，其實都有很高的鑑賞力，只是可能有時忙於現實生活，而沒有時間去注意這些休閒娛樂。

大家可能不知道，魔羯座的負責與認真，是從小時候舊開始這樣了，玩具玩完了一定放回原處，回家一定先寫功課，碰到考試一定會把書唸好。這些都是魔羯座從小就可以看得出來的嚴謹態度。

魔羯座的家庭觀

魔羯座是一個具有責任感的星座，從小就是如此。因此在家中會是一個能分擔家事和照顧家人的星座。當然魔羯座不但有著對家的責任感，在工作上也是屬於很努力的類型，不會讓家人擔心。

在與家人的相處上，這一點必須要注意：那就是要多多和家人溝通，心裡有話就要說出來，或是希望家人和自己有什麼改變，也要經由互相溝通才能說清楚的，不是嗎？所以不論怎麼說，家人總是家人，只有家人才會無條件支持魔羯座，有問題就要提出來討論，這樣才會有圓滿的答案。

站在家人的立場，會覺得這個魔羯座有點自虐狂，他的自虐是不但在工作上是日以繼夜的做，不眠不休，回到家也是很勤奮，真像一個全年無休的機器人。因此和魔羯座在一起的家人，要在適當的時候，勸勸魔羯座不要那麼累，必須懂得適時休息，要不然累壞自己就太不划算了。

總之，魔羯座是一個在日常生活中，沒什麼聲音沒什麼意見的星座。自己要多多找時間休息，這樣才能平衡身心健康。

面對牡羊座♈的家人

牡羊座和魔羯座，都是屬於能認真於自己本份工作的人。因此在對於責任上的態度是很能互相欣賞的，只是兩個人在個性上有差異。牡羊座是個活潑外向、善於表達自己的人，什麼心事很少放心裡，說出來才愉快，才能溝通。

偏偏魔羯座是一個「悶不吭聲」的人，甚至他在和魔羯座面對面講話時，都不見得能有回應。所以牡羊座和魔羯座的相處，可是會憋死牡羊座的；不妨讓牡羊座多多誘導魔羯座把話說出來，不要老是放心裡。

面對金牛座♉的家人

魔羯座和金牛座是同屬土象星座的人，自然也都有執著努力的態度，對於家庭是很照顧的。可是這兩人的組合，很可能在溝通上會有困難，因為兩人都不願意把話說出口，這是一種情緒的隱藏，更何況就算說話總也有一個起頭。

因此金牛座和魔羯座的相處，必須要有紓解情緒的方式，否則兩人常常是話沒講三句，就談不下去了，活潑一點，會讓生活過得更愉快。還有，金牛座和魔羯座最需要的就是讓自己的心靈「放輕鬆」。

面對雙子座♊的家人

同一屋簷下的雙子座和魔羯座兩人，是基本屬性不相同的兩人，只是都很有自己的克制力，應該是說魔羯座與雙子座都很能扮演好自己在家中的角色。

原本魔羯座就是一個從小守規矩的人，而且很懂進退之間的道理，加上魔羯座是個不多話的星座，總給人默默努力的感覺，相對看起來，就知道雙子座是比較調皮外向的星座。因為魔羯座是很能包容家人的一個星座，對於家的愛護是不會少的。雙子座就盡量帶動家中活潑的氣氛吧！

面對巨蟹座♋的家人

魔羯座是一個很有責任感的星座，雖說對家庭不見得有著十分深厚的感情，可是在責任的驅使下，卻絕對是一個最負責任的家人。

同屬一家人，巨蟹座和魔羯座在某些對家庭有好處的想法上，有差不多的觀念，因此魔羯座與巨蟹座的相處是還不錯。只是要他們兩人常常聊天或是面對面溝通，可能就有些困難了。因為他們都是不太會把心裡話說出來的星座，那麼對方又怎會知道他在想什麼呢？巨蟹座還比較能猜人心事，魔羯座在這方面就差一些了。

面對獅子座♌的家人

魔羯座是個有責任感的星座，當然相對的，也就會想要去管理家裡的人，其實他是關心啦！而獅子座是對家庭沒有那麼有責任感，可是卻也不想要被人管。因此在相處關係上，獅子座和魔羯座似乎沒那麼融洽。

其實魔羯座是真的很會照顧家人，可能是比較具權威感吧！而獅子座本來就是要大家捧著、被重視的感覺，那兩人就難免會有所衝突了。只不過都是一家人！一定要學會互相禮讓，在脾氣上要克制一點：魔羯座有時是很難要他乖乖聽話的，而獅子座是脾氣發了就算了，那就兩位互相體諒吧！

面對處女座♍的家人

同屬土象星座，因此都是有著責任感的星座表現。只是魔羯座是一個對於事業上有野心的星座，而處女座是比較溫和一點，不過兩人倒是都算有著一樣的基本共識，認為在工作上一定要認真努力。

對於家庭的表現：處女座是溫和型，常常是自己做自己的，然後再幫大家做，也不會有什麼閒言閒語。而魔羯座則是比較強硬，因為只要是決定的事，那是不容許更改的，因此魔羯座與處女座在家的表現，也不會差太遠，但態度上會比較溫和一點點吧！

面對天秤座♎的家人

天秤座和魔羯座是個性完全不同的星座。在同一個家中，天秤座會和每個家人的關係都不錯，而魔羯座其實也是很愛家庭的。所以兩者相處上很融洽。

只是魔羯座的個性比較內向，比較不會把心事說出來，因此，如果當魔羯座與家人的意見相左，可以請天秤座和魔羯座好好溝通，會有不錯的結果。

面對天蠍座♏的家人

魔羯座是一個很努力的星座，常常埋頭苦幹，因此他話不多，又不會表達自己。所以在天蠍座的心目中，認為魔羯座真是怎麼說都說不通。魔羯座本身就很內向，再加上不喜歡跟大家一起八卦，自然是安靜的一方。而天蠍座對那種不講話的家人，是很有興趣好好了解一下的，同是一家人嘛！總是要互相關心。

在日常的相處上，魔羯座是比較沒有情緒的星座，總是埋頭於自己的事。而天蠍座想得多，自然事情就多了。兩人是不會有太深的默契哦！

★面對射手座♐的家人

射手座和魔羯座是完全不同個性和習性的兩人。在同一個家庭中，射手座一定是那個有些懶散又不會主動整理環境的那個；而魔羯座就不同，是很有責任感的，自己做的一定會盡力完成，而且還會主動去做其他家事。

因此，不論是從生活中的基本習性，或是日常的相處個性，魔羯座是受不了射手座的散漫不積極，而射手座也覺得魔羯座實在是太過於勤奮了。因此在相處上，可能兩人有需要互相溝通一番，還好同是一家人，可以擁有著家人的情感，互相幫忙。

★面對魔羯座♑的家人

魔羯座是對人生有著長遠計畫的星座，而且對自己對家人都是很有責任感的。當然是兩個魔羯座都很能互相了解，只是有時可能太過頭，而會讓其他家人反倒是沒事可做。其實，應該讓每個人都合力分工家事才對。

另外，同屬魔羯座的兩人，應該知道彼此在「溝通」上，可能有些麻煩。因為都是不太愛說話的個性，所以一定要注意，有話就要說，因為都是魔羯座，一定要有一個人先主動才可以，不然容易因為沒有溝通的管道而影響彼此的感情。

面對水瓶座♒的家人

水瓶座是有著新舊思想兩派共存的個性，因此會在某些觀念上，是和魔羯座相同的。當水瓶座遇上魔羯座時，對於能成為一家人滿有珍惜感的。只不過，魔羯座是屬於純正的守舊派，不論思想、行為、做法都很保守。

而水瓶座是除了有某些舊派思想之外，由於頭腦的反應很快，而且又機靈，很能跟得上時代；因此也是個新潮流派。在這些比較新的方面，可能和魔羯座就有需要溝通的地方了。新的思想與資訊，魔羯座是需要時間才能慢慢消化和接受的。

面對雙魚座♓的家人

對生活的體驗來說，魔羯座是一個實務派，不論什麼事，他講求的都是「實際」，應該要腳踏實地去做才對。而雙魚座就不同了，他們是很會幻想的星座。雖然現代人的壓力太大，有時候幻想一下也不錯，最起碼日子不會過得太辛苦。

但當一個務實的魔羯座碰上一個愛幻想的雙魚座，彼此間的磨擦可能就難免了。還好魔羯座是對家裡很有責任的星座，很能包容雙魚座的天馬行空。

魔羯座的交友觀

魔羯座是一個很實在的星座，屬於不花俏表現自己的人，所以和朋友的相處會比較自然和純樸，當然對某些比較外向的星座來說，魔羯座是比較不好溝通的星座，需要花較多的時間來培養友情。

然而魔羯座對朋友是很忠實的一個星座。因為魔羯座就是給人很可靠，也可以依賴他的感覺，只是要成為魔羯座的好朋友，不是短期能做到，必須要有一段時間，而且要魔羯座信任對方，才會把善意釋放出來，要不然魔羯座很可能會把精力寄託於工作上，對於身邊其他的事，魔羯座一般不太注意。

通常大家很難從魔羯座的外表或表情上，觀察出魔羯座的喜怒哀樂，因為魔羯座都放在心裡了。而且魔羯座本來就不是一個會表現自己的星座，自然更不會從他的表情看出他的情緒。

魔羯座有時給朋友的感覺，是比較冷淡的表現，大夥更不可能從那冷靜的思考中，想去探究魔羯座的祕密。最後要說，雖然魔羯座是比較冷靜的星座，但是對朋友很照顧，不會丟下不管，只是不善表達罷了。

面對牡羊座♈的朋友

牡羊座和魔羯座，都能認真的面對自己的人生課題，因此他們負責任的態度是很受人欣賞的，只是兩個人在個性上有一些差別。牡羊座活潑外向、很會表現自己，遇到麻煩事不放在心裡，要說出來才愉快，才能溝通。

偏偏魔羯座是一個不愛表達心情的人，因此魔羯座與牡羊座面對面講話時，雙方常常不見得能得到交集。由此可知，牡羊座和魔羯座的相處是會讓牡羊座煩悶的，牡羊座不妨去引導魔羯座把話說出來，不要把問題放在心裡不說，只要把話說出來，對雙方關係總是有好無壞的。

面對金牛座♉的朋友

魔羯座和金牛座都是土象星座，都有堅毅卓絕的個性與態度，對於朋友也是很忠誠的，可是這兩人的朋友組合，很可能在互相理解上會有困難，因為都不願意把話說清楚，都愛把事情放在心裡不說，把情緒隱藏起來，不願意把話說出口。

因此金牛座和魔羯座的相處，可是要找到溝通的最好方式，否則兩人常常會話沒講兩三句，就談不下去了，不妨多用一點活潑的心，讓生活過得更愉快吧！

面對雙子座♊的朋友

雙子座和魔羯座的基本屬性根本不相容，只是都很有自己的能耐，因為魔羯座與雙子座都很能自己好好管理自己，所以不用過於擔心。

原本魔羯座就是一個很守規矩的人，很懂得應對進退的道理，再加上魔羯座是個不多話的星座，所以總給人默默努力的感覺，相對看來，就知道雙子座是比較外向的星座。不過這是沒有關係的，因為魔羯座是個很能包容的星座，對於朋友的愛護是不會少的喔！

面對巨蟹座♋的朋友

魔羯座很有責任感，雖說不見得對朋友有很外顯的熱情，可是在責任感的趨使下，絕對是一個好助手。

兩個人在一起時，巨蟹座和魔羯座對於朋友都能互相幫忙與提攜，有差不多的共識，因此魔羯座與巨蟹座在溝通與相處上還滿好的。

只是要他們兩人常常彼此討論和溝通，可能會產生困難。因為他們都是不太會把心裡話說出來的人，那麼巨蟹座和魔羯座又怎會知道對方的想法呢？巨蟹座比較能猜想到魔羯座心裡所想的事，但魔羯座在這方面就差很多了。

面對獅子座♌的朋友

魔羯座是很有責任感的星座，很想要去介入身邊朋友的大小事務，有時會讓大家覺得他很麻煩；獅子座則是對朋友也想要擁有成為霸王的感覺，很想獲得朋友投以欣賞的目光。因此在魔羯座和獅子座的相處關係上，兩人似乎不是非常談得來。

其實魔羯座是真的很體貼所有的朋友，因為他有一顆溫暖的心，而獅子座本來就是要大家給他尊重的感覺，所以魔羯座和獅子座兩人在一起難免就會有所爭執了。但是大家都要成為對方的好朋友，要學會互相讓一讓，脾氣也要克制一下。魔羯座有時是很難要他順從的，而獅子座則是怒氣消了就沒事了，就請魔羯座和獅子座互相禮讓一下吧！

面對處女座♍的朋友

魔羯座與處女座同屬土象星座，都是很有責任感的星座，只是魔羯座是一個很有野心的人，處女座則是溫和處事，不過魔羯座與處女座兩人有一樣的共識，就是在工作時，一定都奮力不懈。

對於日常的表現，處女座喜歡平平穩穩，將自己該做的做到，然後再幫身邊的其他朋友也做好。魔羯座則是比較強勢。因為魔羯座在自己的生活決策上，只要是他決定的事，那是很難去改變的，當然魔羯座與處女座在朋友之間能力的表現，都屬於實力堅強型。

面對天秤座♎的朋友

天秤座和魔羯座是完全不同屬性的人。在同一群朋友中，天秤座是會和朋友們保持不錯的關係，而魔羯座對於朋友也滿照顧的，所以魔羯座和天秤座之間的相處還不錯。

只是魔羯座比較內向，不愛把心事說出來，通常是魔羯座做了決定，別人就很難更改了。當然魔羯座是不會在公開場合說出不滿的話，這一點是確定的。因此，如果魔羯座與朋友們的意見不同，可以請天秤座和魔羯座好好討論，應該能達到共識，會有不錯的結果。

面對天蠍座♏的朋友

魔羯座是一個很努力的星座，他話不多，又不太會表達自己。所以在天蠍座的心中，會認為跟魔羯座很難把話說清楚，是偏向沉悶的類型。魔羯座本身就很內向，再加上不喜歡跟大家混在一起，自然是安安靜靜過著自己想要的生活。而天蠍座對於不善講話的魔羯座，卻很有興趣去了解他，魔羯座和天蠍座同是好朋友，總是要互相關心才對。

在日常的相處上，因為魔羯座是比較不會突然有情緒的人，總是忙於自己想做的事情上，而天蠍座想得比較多，兩人反而不太容培養出很深的默契。

面對射手座♐的朋友

射手座和魔羯座根本是完全不同類型的兩個人，射手座是那個不太想要拚拚看有沒有更好辦法的人，而魔羯座就不同，他是很有責任感的，自己要做的事情一定會盡力完成，而且還會主動去幫朋友們做事情。

因此，不論是從生活中的基本習性，或是跟朋友們的相處，魔羯座會受不了射手座的不積極啊！射手座也覺得魔羯座實在是過度認真了。因此魔羯座和射手座，兩人有必要互相溝通一下，才能擁有良好的情誼，彼此平衡一下過度嚴謹與散漫的態度。

面對魔羯座♑的朋友

魔羯座對人生有著長遠計畫，並能一步一步往前邁進，而且對自己身邊的朋友都是負責任的。兩個魔羯座也很能互相理解對方。

另外，同屬魔羯座的兩個人，應該知道彼此在溝通上有些麻煩，因為兩個魔羯座都不太愛說話，所以一定要知道，有話就要說出來，因為都是魔羯座，一定要有一個人先把話談開來才可以呀！因此兩個魔羯座湊在一起，雙方的良性溝通就顯得特別重要。

面對水瓶座♒的朋友

水瓶座有創造性思維的聰明腦，在某些觀念上，和魔羯座有著相同的概念。所以當水瓶座遇上魔羯座時，對於能成為朋友，會很珍惜的。

只不過魔羯座是屬於不愛變化，喜歡穩定的人，不論在思想與做法上，都很保守不想改革，而水瓶座的頭腦反應很快，又很機靈，能跟得上時代的巨輪，在這些比較新的生活資訊上，可能和魔羯座就很有得聊了。雙方要把握時間好好溝通，因為有某些比較新的思想，魔羯座是需要時間才能慢慢去接受的。

面對雙魚座♓的朋友

面對未來生涯的想法，魔羯座是一個很實際的人，不論是什麼事，他講求的是實際與結果，喜歡腳踏實地去做。但雙魚座不同，他很會幻想的個性，會覺得現代生活的壓力太大，有時候好好休息一下也不錯，最起碼日子不會過得太辛苦。

因此，當一個非常務實的魔羯座，碰上一個幻想能力十足的雙魚座，彼此間的磨合就

難免了。不過魔羯座是很有責任的星座，能照顧雙魚座，因為大家都是好朋友嘛！~♥

Aquarius

Chapter11

水瓶座

★

水瓶座的人生觀

水瓶座的想法很特異，一般人會覺得與他們格格不入。並不是人們不了解水瓶座，而是在想法上無法與水瓶同步。

水瓶座不會去主宰別人，但也不希望別人來干擾自己的生活，他覺得不應該強迫別人跟隨自己的步調，這是水瓶座的個性。可以為理想奮鬥不懈，不會半途而廢，因此常會成為革命家，為堅持自己的理想而努力。

水瓶座是需要充足睡眠及運動量的星座，但是通常水瓶座的人因為想得多與思考得多，而占用了睡眠的時間，又因計畫過多，有待實行因此常常無法去落實運動。他要注意：睡眠及運動是保持最佳狀態的好方法。

水瓶座的敏感度非常高，甚至可以說有超強的第六感，能很正確評估自己的感覺，而且對於自己即將發生的事，可以非常敏銳地感應到，連自己都覺得不可思議；怎麼會這麼準？

水瓶座對於金錢觀有很仔細的概念，那就是不可以負債，因為那是壓力，會引起生活上的不平衡，還有「不借錢給朋友」，因為這樣可能會破壞彼此的友誼，甚而失去朋友。

水瓶座是個不喜歡獨居的人，他們屬於群居一族，包括跟自己的情人在一起時，可能也是一群人一起玩鬧，這一點讓他們的情人很受不了。

水瓶座不論男女，對未知與神祕的事最感興趣，這也就是為什麼他們會有超感應的能力。

水瓶座向來就是坦率，因此也希望朋友都能坦白，如果讓水瓶座發現某人不誠實不坦率，他就會把這個人從好友名單上移除。

水瓶座的家庭觀

一般人講到水瓶座，總認為「他們根本是外星人」。因為水瓶座有很靈活的頭腦，而且完全能站在時代的最前端。可是不要忘了，水瓶座的思考世界中，可是先進和保守的思想都在其中的哦！如果家中有水瓶座的一員，會發現他們不但有新資訊帶進家中，水瓶座也能用實際的行為來照顧家庭。不過水瓶座很喜歡交朋友的習性是不會改變的，常常跑出去玩，但是水瓶座是不會忘記家人的。

其實對水瓶座來說：是沒有任何一項束縛可以拴得住他的，水瓶座很有自己的想法，什麼時候該做什麼，他都知道。因此和水瓶座的相處，就必須了解他是一個很獨立的人，不會依賴別人，最後有可能是比較獨來獨往的人。但他不會不照顧家裡。

水瓶座是個很重視「精神生活」的星座，對水瓶座來說，精神生活是絕對不能貧乏的，而且他會主動去搜尋充實自己精神世界的食糧。若這個家庭是以水瓶座為主的家庭，那麼就是物質生活充不充裕都沒關係，但是精神生活一定要多采多姿才行哦！

面對牡羊座♈的家人

水瓶座和牡羊座的組合，基本上是不會有什麼衝突的。因為水瓶座是個性溫和的星座，再加上脾氣還不錯，自然能容忍牡羊座這個比較直爽個性的家人。只是牡羊座可能會覺得水瓶座不太有人生的目標，而且好像每天都無所事事的感覺，和水瓶座說東就回答西，真搞不清楚。而水瓶座會覺得牡羊座幹嘛這麼衝動，何必這麼努力呢？人生不是要愉快過日子就好。

因此牡羊座可以多多的帶領水瓶座增加生活歷練，而水瓶座可以盡量影響牡羊座，讓他過得輕鬆一點。

面對金牛座♉的家人

水瓶座是一個很會在日常生活找尋自己生活樂趣的星座，日子過得沒什麼壓力，還挺悠閒的哦！這是金牛座要多學習的地方。因為金牛座是屬於比較緊繃過生活的星座，在生活中有著太多的責任和義務，讓金牛座無法真正的輕鬆放下過生活，當然也可以說是比較有責任感。

因此和金牛座同屬家人的水瓶座的家人，就必須要盡量去改善金牛座的情緒，讓他不要那麼緊張，放輕鬆一點，這對於自己的家庭生活也會有比較正面的影響。

面對雙子座♊的家人

雙子座和水瓶座，在基本上的想法和概念還滿接近的。所以在成為家中的成員時，同樣是在某些方面，可以有一些行為上及思想上的默契，這樣的家庭生活是比較屬於知性、感性，也會給人比較舒適的感覺。

當然在另一方面來說，有時候家庭生活太過於沉悶的話，雙子座和水瓶座可是會受不了；所以一定會製造出一些有趣的事件。不過，衝突是難免的，但這一點雙子座和水瓶座應該是沒問題的。

對水瓶座來說，除了家以外，要學習的東西有好多好多呢，而且外面的世界對水瓶座太有誘惑力了。

面對巨蟹座♋的家人

巨蟹座和水瓶座在家中的相處模式，基本上可能是屬於互不搭調的型式，好像各過各的生活。因為這兩人的基本習性和思考方式，根本就是從裡到外完全不同。因此巨蟹座和水瓶座是真的不搭調，不過巨蟹座是顧家愛家的，不論什麼家人，都有他對應的相處方式，這就是巨蟹座的個性。因此水瓶座要多用些心在家裡了。

☆面對獅子座♌的家人

這個組合的家庭生活也是很新鮮的哦！因為水瓶座常常想的觀點和別人不一樣，也不會想要過太親密的家庭生活。而獅子座想要在家稱王稱霸的心願，倒是剛好能在這時候發揮，只是水瓶座是一個很重視精神生活層面的星座，他們不希望自己的家人是言談無趣的人。

由於這獅子座和水瓶座兩人在家見面的機會不算多，各自有各自的生活圈，因此在基本的相處上，算是還不錯。各有各人的生活範圍，有各自的朋友呀！

☆面對處女座♍的家人

若以實際面和精神面，來評斷處女座和水瓶座對「家庭」的看法，處女座一定是對這個家主導在實際面的表現；而水瓶座則是屬於精神面。說起理念是不太相同的。但是基本上對於「家庭」的付出，倒不會差一大截。

通常很實際的處女座，注重一個家庭的生活品質，日常生活中的細節，屬於務實型。

而精神面的水瓶座是比較輕物質享受，而要大家充實精神生活。所以如果兩個星座在一起，那是很有互補作用的。

面對天秤座♎的家人

水瓶座和天秤座的人，都是和朋友關係不錯的星座，而且對朋友滿好。可是天秤座也仍舊是會把家人和朋友放在一起考量。而水瓶座是屬思維比較怪異的星座，和朋友是很能聊，而和家人比較沒什麼話說。

還好天秤座也很會說話，很能和水瓶座天南地北的聊。因此兩人的家中關係，還算不錯。水瓶座會比較需要個人空間，不要在他不想溝通時去溝通，相信就可以營造出不錯的關係吧！

面對天蠍座♏的家人

天蠍座和水瓶座如果是朋友的話，那是一對不搭調的朋友，還好同是一家人，總是要互相的關懷和培養家人深厚的情誼。

水瓶座有比較自主的個性，再加上他很獨立，所以總是讓別的家人覺得不太需要太用心去關心他；而天蠍座是一個比較想要吸引別人注意的星座，又不喜歡表明出來，因此總讓人覺得有些神祕的感覺。水瓶座和天蠍座彼此要多多關心對方才對。

面對射手座♐的家人

射手座和水瓶座的家人有一個共通點，那就是在個性上都很獨立，不會去囉嗦別的家人。所以兩人在家的時候是可以溝通的。

只是兩人都不屬依賴型的星座，可是基本的生活習慣和生活方式還是不同的哦！射手座是活潑外向且和誰都很好、很能聊，很多事情都很有自己的主見。不過口中雖說可商量，但是仍舊是要以自己的決定為主，對於家人的建議只是聽聽而已，最後還是自己決定。

面對魔羯座♑的家人

水瓶座是個存有新舊思想共存的個性。因此會在某些觀念上是和魔羯座相同的。所以當水瓶座遇上魔羯座時，對於和魔羯座成為一家人的事，會很珍惜。只不過魔羯座是屬於一個純正的守舊派，不論思想、行為、做法上都很保守。而水瓶座是除了在有些舊派思想之外，頭腦的反應比較快，而且很機靈，又很能跟得上時代。因此是個新潮流派，和魔羯座就得需要多多溝通了。因為有某些比較新的思想，魔羯座是需要長時間才能接受的。

面對水瓶座♒的家人

這是一個重視精神生活的家人的相處方式哦！因為水瓶座本來就是一個不受束縛的星座，物質生活不是重點，只要精神生活愉快就好。但是一個家庭的生活，總不可能只有「精神」就吃飽了，「物質」也是重點。

而且和水瓶座在一起的其他家人要注意，水瓶座有獨來獨往的特質，常常讓人覺得水瓶座有點「冷漠」。其實這只是水瓶座本性如此而已。保持單身時的快樂，有著精神生活，不要太多束縛，這是水瓶座的要求。

面對雙魚座♓的家人

水瓶座是個性獨立的星座，因此在日常生活上，很多事情都能自己打理，有不想要依賴別人的心態，當然就會給家人一種不太親密的感覺。而且和朋友也很要好，這是水瓶座的天性，並不是不愛和家人親近。

雙魚座其實是很能包容水瓶座家人的，因為雙魚座本來就是一個什麼都為別人著想的人，再加上這個水瓶座是雙魚座的家人。所以家人永遠是家人，不會有所改變的，只是有缺點就要提出來，互相改進。

KO

水瓶座的交友觀

水瓶座對於朋友都希望是呈現最好的關係，喜歡那種「有點黏又不太黏」的關係。因為水瓶座希望自己有自己的空間，有自己的隱私，不要別人來打擾他的私人世界。

當然大家都知道水瓶座是對朋友很好的，有事相求，也一定義不容辭地來幫忙。所以有時會給家人感覺水瓶座和朋友特別好。其實這是個性的關係，對水瓶座來說，家人也是很重要的。

和水瓶座交朋友要知道不可以太黏著他，還有不要想去指揮他，否則水瓶座會讓自己消失到找不到的地步哦！

水瓶座是一個很另類的星座，並不好了解，當然能了解的人也不多。而且並不是我們想了解就能了解，有時候他可是如謎題一般，很難讓人捉摸清楚。

水瓶座可以說是一個以「自我」為中心的生活方式，願意去為朋友分憂解勞，可是卻不要朋友太了解自己的內心世界。因為自己的內心世界，要由自己來品嚐的，那才有意思。

面對牡羊座♈的朋友

水瓶座和牡羊座在一起時，基本上，雙方是不會有什麼衝突的。因為水瓶座個性很溫和，再加上脾氣也很不錯，自然能容忍牡羊座這種脾氣火爆的星座。只是牡羊座可能會覺得水瓶座的人生目標太過於超現實，好像每天都在空想的感覺，和水瓶座相處時，常常搞不清楚現在的重點是什麼？水瓶座會覺得牡羊座幹嘛這麼認真，人生不是只要「慢活」就好嗎？

所以牡羊座可以帶動水瓶座增進現實人生的經驗，而水瓶座可以讓牡羊座知識更加豐富，讓水瓶座與牡羊座都能在當朋友的互動中，得到更多的人生歷練。

面對金牛座♉的朋友

水瓶座在日常生活中，是喜歡尋找自我的星座，在工作的時候，自然也不例外，他喜歡過著不緊張的小日子，就算是遇到很緊急的事情，他仍能很悠閒看待哦！這是金牛座要多多學習的地方。

因為金牛座是個情緒很緊繃的星座，有著太多責任義務要忙，讓金牛座無法真正的輕鬆放下自己，也因為金牛座比較有責任感的個性，因此當金牛座好朋友的水瓶座，必須去了解金牛座的心情，讓他不要那麼緊張，要懂得放鬆一下，對於雙方的友誼也會有更正面的影響。

☆面對雙子座♊的朋友

雙子座和水瓶座的想法和觀念很接近，所以在成為好朋友時，同樣在某些方面，會有很多的共識，這樣的生活比較兼顧知性與感性，能為身邊其他朋友帶來許多意想不到的資訊。

從另一方面來說，有時候生活中遇到太過於瑣碎的事情，雙子座和水瓶座都會受不了，他們喜歡過著輕鬆有趣的生活。

只是朋友之間衝突還是難免的，但只要了解現在狀況如何，就能判斷要怎樣處理，雙子座和水瓶座對於這樣的事情應該是很駕輕就熟的。

問題對水瓶座來說，並不是困難的。要學習的東西實在太多了，外面的世界對水瓶座實在是太有吸引力了。

面對巨蟹座♋的朋友

巨蟹座和水瓶座的相處模式，基本上是那種互不搭理的感覺，各自處理自己的身邊的事情，互不過問。因為水瓶座和巨蟹座兩人的習性和思考方式，完全不同。

因此兩者完全不搭調，只不過巨蟹座是個喜歡跟人真心相處的人，所以不論是什麼樣的朋友，巨蟹座都有他相應的相處方式。不用擔心，反而是水瓶座必須要更用心與巨蟹座朋友關係上的維持。

面對獅子座♌的朋友

水瓶座與獅子座這個星座組合，當朋友時將是非常特別的哦！因為水瓶座的想法與邏輯，和其他的朋友都不同，也不會想要跟朋友們靠得太近；而獅子座想要在各個領域稱霸的願望，剛好能在水瓶座面前發揮，因為水瓶座很喜歡特別的人事物，他可不希望自己的好友是個無聊的人，而獅子座的積極正好可以滿足水瓶座愛在旁邊看戲的興致。

獅子座和水瓶座就算是當朋友，兩個人見面的機會並不算多，因為水瓶座喜歡偶爾離開朋友圈，一個人靜一靜，獅子座則喜歡主導各種事務，他們各有所好，因此水瓶座與獅子座在相處上，算是平淡的。

面對處女座♍的朋友

若要評斷處女座和水瓶座對於人生的看法，處女座一定是希望對得起自己所想要的未來，而認真負責在實際生活上各個面向的表現，而水瓶座與處女座的理念不太相同，他比較隨興處事。但是基本上對於未來的想法，倒也不會差太多。

通常很實際的處女座，注重生活中的工作效率與細節，是屬於務實型的人。水瓶座是比較傾向能得到最後的好結果，而不是過程，所以如果水瓶座與處女座兩個星座在一起，那是很有互補作用的。

面對天秤座♎的朋友

當水瓶座和天秤座都是朋友時，兩人可以好好相處，而且關係會很好。可是天秤座會細細考量著彼此的關係，水瓶座則是屬於思維比較特別的星座，和所有朋友都很能聊天。

還好天秤座也很會說話，和水瓶座在一起，可以談天說地的聊個沒完。因此兩人的家中關係，算是不錯的。水瓶座會比較需要隱私，不要在他不想講話時去溝通，相信水瓶座和天秤座就可以營造出不錯的朋友關係！

面對天蠍座♏的朋友

天蠍座和水瓶座如果是朋友的話，那可是完全不能協調囉！水瓶座有比較自主的個性，再加上他是個很獨立的「個體」，所以總是讓別的朋友們覺得不用去理會他，而天蠍座則是比較想要吸引別人目光，又不明講的人，因此常常讓人覺得有些神祕感。水瓶座和天蠍座在一起時，要多多體諒對方才好喔！

面對射手座♐的朋友

射手座和水瓶座有一個相同的地方，那就是個性很獨立，不願意給身邊的朋友帶來太多麻煩，所以水瓶座和射手座兩人，在一起的時候是很能合得來沒有壓力的。

只是兩人都不愛依賴其他朋友，但水瓶座和射手座在生活習慣和工作方式上，還是有差異的哦！射手座很多事情都很有自己的主見，口中雖說一切都可以商量，但是仍舊是要以自己的決定為主，對於朋友的建議只是聽聽罷了。

面對魔羯座♑的朋友

水瓶座是常有新思維的星座，因此會在某些想法上和魔羯座是相同的。當水瓶座遇上魔羯座時，對於和魔羯座成為朋友這件事，會很珍惜有這樣的朋友。只不過魔羯座是屬於守舊的人，在思想與做法上都很保守，而水瓶座頭腦反應很快又很機靈，又能跟上時代潮流，這點可能要和魔羯座多多溝通，因為只要水瓶座有某些比較新穎的思維，魔羯座需要很久的時間才能理解水瓶座在想什麼。

面對水瓶座♒的朋友

當水瓶座對上水瓶座時，這是一種很特別的朋友關係！因為水瓶座本來就是一個不願意受到束縛的星座，權力與義務不是重點，只要平常生活愉快就好。但是一個人的生存，不可能只有工作與生活的態度良好就可以了，要做到自我管理才是重點。

和水瓶座在一起的其他朋友要注意，水瓶座是獨來獨往的星座，容易讓人覺得他很冷漠。其實只是水瓶座外表個性是如此而已，保持一個人孤單時的快樂，有著自己的精神生活，不要太多壓力，這是水瓶座的基本特質。

面對雙魚座♓的朋友

水瓶座的個性獨立，因此在平常生活上，很多事情都能靠一己之力來完成，他有不喜歡依賴別人的基本原則，當然就會給朋友們帶來很難親近的感覺，但這是水瓶座的天性，並不是不愛和朋友們在一起。

雙魚座其實是很能包容水瓶座這位朋友，因為雙魚座是一個很懂得為別人著想的人，再加上兩人是好朋友；建議水瓶座與雙魚座只要是發現對方有缺點，就要提出來互相改進，才能共創生命中的雙贏喔！~

Pisces

Chapter12

雙魚座

★

雙魚座的人生觀

雙魚座是個比較情緒化的人，而且喜歡待在歡樂的場合之中，這樣會讓雙魚座變得很愉快而且自由自在。

雙魚座是個沒什麼野心的星座，只要能夠擁有幸福快樂的日子就好了，對於一切事都抱持著不要給自己壓力，做多少算多少的態度。

雙魚座有一個特性，就是幫助人的時候，不會去分這是該幫還是不該幫的人，只要是他認為需要的，都會不吝伸出援手。

雙魚座對於責任比較沒有那麼強烈的感受，因為他們常常無法承擔。快樂的時候，真的是過得非常快樂，不過在事業低潮、人生低潮時，雙魚座一樣是不想去面對，最好是讓它自行消化或解決，才不會困擾自己。

不過在感情方面，雙魚座一定可以給伴侶甜蜜又浪漫的感覺，因為雙魚本來就是感情很豐富，不會讓伴侶有任何一點委屈，這就是多情的雙魚座。

雙魚座的人，有時候會把責任都放在自己身上，然後無法承受時，再把它丟出去，自己去躲起來，因為這時候的雙魚座，不希望有任何人打擾他，他需要自己安靜的想一想。

雙魚座向來對金錢沒什麼概念，有一毛用一毛，除非有一天發現「錢」沒了、不夠用了，否則是不會去在意的。「錢」對雙魚座來說，是可有可無的，並不是最重要的。

雙魚座是很隨性的，想睡就睡，想玩就玩，想吃就吃。似乎壓力這兩個字不會發生在他們的身上。

雙魚座是很有同情心的星座，他們會憐憫能力較差的人，會同情需要幫助的弱者，但是這也是常常使他被拖累的原因。

最後要說的是，雙魚座應該在本身具有的優點之外，改善個性較不積極的缺失，這樣才能走出自己的一片天。

雙魚座的家庭觀

由於雙魚座本身是個沒有權利欲望的星座，因此會希望待在一個沒有壓力的地方。由此可以看出，「家」會是雙魚座希望發揮自己的地方。「家」是雙魚座可以發揮自己的愛心和包容心的場所，可以讓雙魚座感到有被需要的那種「重視」，而這個重視，不會帶來壓力、不會帶來不愉快，反而會讓雙魚座有成就感、有被需要的充實感。

當然雙魚座那種天生多愁善感的個性，是不會改變的啦！所以偶爾可能會有鑽牛角尖出不來，而愁眉苦臉的，這時同屬一家人的其他同伴，就應該要好好安慰一下這隻「小魚兒」，可別讓他難過。

家裡是雙魚座可以發揮的地方，有創意的空間、有對家人的奉獻，更能讓家人們感到溫暖。有了這些就很能讓雙魚座感到滿足了。

有時雙魚座的同情心太多，也太慷慨了，可能會寵壞了其它的家人，這一點可能要注意囉！不要讓自己累壞了。適當的休息也是應該的，家人們之間要分工合作嘛！

面對牡羊座♈的家人

雙魚座是一個溫和的星座，甚至可以說，他沒有什麼人生目標。說好聽是與世無爭，說不好聽是沒有上進心。只是在日常生活相處上，雙魚座對牡羊座來說是沒有任何壓迫感的，甚至是可以暢談愉快的。

可是相反的，牡羊座對雙魚座來說就不同了，那種強勢與高高在上的感情，總會讓雙魚座有受不了的壓迫感。可以說牡羊座要的是一種實質掌握的優越感，而雙魚座想要的卻是一種心靈上的感覺。雙魚座要加強務實性，而牡羊座不要太強勢會比較好。

面對金牛座♉的家人

雙魚座是最會包容別人的星座，不論家人、同學、同事，都有一顆包容的心，因此，對於有點固執的金牛座，也能用體諒的心去關懷他，尤其是金牛座是很愛家的，也有喜歡待在家裡的個性，有了雙魚座的體貼關懷，那麼更能溫暖金牛座了。

不過，雙魚座本身的情緒也是很敏感的哦，金牛座可能必須要適時的給雙魚座一些「愛和關懷」，不要忽略了這個滿有情緒的雙魚座，那麼相信在日常生活上，會有互相的體諒和默契。

雙魚座是個對每個人都很好的人，對家人當然更好。更何況大家同在一個屋簷下，當然要好好互相照顧了。

★面對雙子座♊的家人

對雙子座來說，雙魚座是一個情緒太過於豐富的星座，常常需要別人安慰和鼓勵，雙子座一定要常常照顧雙魚座哦！不然雙魚座會心情不好，他需要雙子座的關心。

其實不論是雙子座或雙魚座，脾氣都不錯啦！大家不要太要求，才能與大家和睦相處。

★面對巨蟹座♋的家人

雙魚座和巨蟹座都是水象星座。所以在基本上的相處習性和生活習慣都差不多。只是巨蟹座比較有家庭概念，如何和家中人好好相處，如何做好家中的事，都是巨蟹座很順手的。

而雙魚座是比較依賴的星座，就算在家中也是一副「懶洋洋」的感覺，並不算是主動又積極的個性，而且巨蟹座很會照顧別人，雙魚座是享受得很呢！兩人在家的關係不錯。

面對獅子座♌的家人

雙魚座是和誰都能合得來的星座。而獅子座這個喜歡稱霸的星座，當然就會和雙魚相處還不錯。獅子座本來就比較喜歡稱王，而雙魚座是十二星座中，最會看人臉色，最容易聽命於人的星座，自然是在相處上會滿愉快的啦！

獅子座和雙魚座對家庭的觀念，有一些不太相同的地方，獅子座比較不願過有家庭負擔的生活，最好是自由自在；而雙魚座不同，能為家人犧牲奉獻都無所謂。當然兩人的相處不會有問題。

面對處女座♍的家人

對於家庭，不論是處女座或雙魚座，都屬於犧牲奉獻型，越多的事，就做得越帶勁，這不能說是勞碌命，只能說雙魚座和處女座都是把心思放在家裡。

雙魚座的表現那就更誇張的了，叫他做什麼事情，大概都可以，雙魚座完全不會放在心上，而且還很帶勁呢！真讓家人有時感覺很窩心。

處女座雖然說也很為家人著想，可是不像雙魚座那樣的完全付出，總是會有比較挑剔的時候。因此這兩人對家庭都是很付出的。

★面對天秤座♎的家人

雙魚座和天秤座是相處很好的兩個星座，尤其雙魚座是一個很能為家人犧牲奉獻的星座。所以雙魚座和每個星座的家庭份子都可以配合。只不過有的家人要多用心，有的家人是兩人很有默契，相處起來不費力，又很愉快。

天秤座和雙魚座就是這種組合，彼此可以配合，又能互相關心，只是仍舊是雙魚座付出比較多，因為天秤座朋友太多了，會分散了對家人的關心，而雙魚座可是全心全意對待每個家人，本質上就是完全不同的相處方式。

★面對天蠍座♏的家人

同是水象星座的兩人，對於感覺和直覺都有很強烈的第六感。因此情緒特別的敏感，彼此都很需要別人關心。只是天蠍座比較喜歡了解別人，刺探一下別人的隱私，還好這個對象是雙魚座，很能配合天蠍座的哦！

天蠍座和雙魚座的相處上，應該互相多留一些空間給對方家人，這樣才能有彼此的生活空間，自然會增進家裡和樂的關係。不要什麼都為對方完全的想好，總要有彼此可以自行發揮的空間。

☆面對射手座♐的家人

對於雙魚座的多愁善感，這是射手座比較受不了的地方。既然是一家人，有問題就說出來，可以大家一起討論解決。何必一副好像很難過的樣子，這樣別人看了也不舒服。更何況射手座本身就是一個天生樂觀的個性，會希望這個雙魚座的家人也能快樂一點。

不過，不論是射手座或雙魚座，在對金錢方面都很慷慨，而且也喜歡去旅遊。因此在對金錢方面，兩人可能互相叮囑要節制一點，才能彼此督促的存一些錢，以備不時之需。

☆面對魔羯座♑的家人

以對生活的體驗來說，魔羯座是一個務實派，不論什麼，都講求「實際」，認為什麼事情都應該腳踏實地去做才對。而雙魚座就不同，是標準的很會幻想的星座，不過現代生活的壓力太大了。

因此，當務實的魔羯座碰上一個愛幻想的雙魚座，彼此的磨擦可能就難免了。還好魔羯座是對家庭很有責任的星座，很能包容雙魚座的哦！

★面對水瓶座♒的家人

水瓶座是一個很獨立的星座。因此在日常生活上，也是很多事情都自己打理，不會有想要依賴別人的心態，當然就會給家人一種難以親近的感覺，而且和朋友也很好，這是水瓶座的天性，並不是和家人不親。

而雙魚座其實也是很能包容水瓶座的家人，因為他本來就是什麼都為別人想，再加上水瓶座的家人也很討人喜歡。當然，家人永遠是家人，這是不會改變的。只是有缺點要指出來，互相改進。

★面對雙魚座♓的家人

同屬雙魚座的家人，其他家人可就有福了。因為雙魚座是個很為家犧牲奉獻的星座，完全沒有什麼所謂的權利欲望，如此就不會有什麼爭執發生，一切是以大家為主，會讓其他家人感覺很快樂、很溫馨。當然這也是雙魚座的特性。

不過，同屬雙魚座的兩人，應該要互相扶持，有什麼心事要說出來，才不會積壓太多的情緒。因為他們實在是太多愁善感了，不常常抒發一下，可能會大爆炸，那就不得了啦！會傷害自己哦！

雙魚座的交友觀

對朋友沒有任何的心機，而且非常愛幫朋友的忙，這就是雙魚座。只是雙魚座有時候比較情緒化，朋友對他的情緒轉變，有時會感到莫名其妙。

由於雙魚座充滿了暖暖的愛心，因此只要是雙魚座的朋友，都知道對雙魚座是個有求必應的人。因此能有雙魚座的朋友是幸福的，因為只要心情不好，就會得到雙魚座的安慰和關心，感覺會很溫暖。

對雙魚座來說，對自己身邊周圍的人，不管親人或朋友，是用凡事相信、凡事包容的心態來對待。當然就會給自己身邊的人一股「暖流」啦！

不過雙魚座常常會有「自怨自艾」的情形，甚至會在不知不覺中鑽進牛角尖，走也走不出來，這讓當雙魚座朋友的人，有時還真受不了。

當然善解人意的雙魚座，其實是不會給朋友添什麼麻煩的，而且還很願意幫助朋友呢！只是如果是雙魚座的朋友，要常常注意雙魚座的情緒，提醒他不要老是那麼多愁善感。

面對牡羊座♈的朋友

雙魚座是很溫和的星座，對於個人確切的未來，沒有什麼特別的企圖。看起來像是別無所爭，說不好聽是沒有想要進取的意思。只是在日常的相處中，雙魚座對牡羊座來說，不會造成任何的壓迫感，甚至是很愉快的。

牡羊座對雙魚座來說，可就完全不同了，牡羊座強硬的態度，會讓雙魚座受不了的。牡羊座當別人的朋友時，要的是在手上實質掌握一切的優越感，而雙魚座想要的是心靈上的寄託。雙魚座要加強務實性，而牡羊座不要太強勢會比較好。

面對金牛座♉的朋友

雙魚座很會包容別人，對所有朋友都有滿滿包容的心，因此對於固執的金牛座，也很能體諒他，尤其是金牛座是很愛工作的，也喜歡享受那種很忙碌又能大展身手的生活，有了雙魚座在生活中的體貼與關懷，那就更能溫暖金牛座了。

但是雙魚座本身的情緒是非常敏感的，金牛座必須要適時的給雙魚座一些建議，不要忘了情緒容易波動的雙魚座朋友，相信在日常相處上，會建立彼此的默契與理解。雙魚座是個對每個朋友都一樣好的人，金牛座要好好珍惜與雙魚座的友誼，要好好照顧他喔！

★面對雙子座♊的朋友

對雙子座來說，雙魚座的情緒變化太過於快速了，常常需要他人心靈上的撫慰，雙子座要學習照顧雙魚座，不然雙魚座常常會突然喪失戰力的，他需要雙子座的「神救援」。

雙魚座不能缺少這個能幫他忙的好朋友。其實不論是雙子座或雙魚座，他們的個性都很不錯喔！不要太要求他們對於朋友的付出，他們一定能和大家和平相處，成為每個人身邊很好的摯友。

★面對巨蟹座♋的朋友

雙魚座和巨蟹座對朋友們的付出差不了多少，只是巨蟹座比較具有衝勁，如何和朋友們好好相處，維繫朋友間長長久久的友誼，盡全力去幫助朋友，巨蟹座都能很順手去處理。

雙魚座是比較依賴朋友的星座，就算在日常生活上或面對突來的事件，也是需要朋友的帶領，不算是主動又積極的個性。還好有很多的朋友會支持他。雙魚座能找到可以倚靠的人，那就是會照顧朋友的巨蟹座。

面對獅子座♌的朋友

雙魚座是和獅子座是能合得來的星座，而獅子座這個喜歡稱王的星座，本來就強勢，比較喜歡當高階管理者，而雙魚座是十二星座中，最容易順從與聽命於人的星座，所以雙魚座和獅子座在相處上通常會很愉快！

只不過，獅子座和雙魚座對很多事情的概念，有些不太相同的地方。獅子座遇到朋友需要幫忙時，比較不願意去面對沒有辦法累積實力的問題；最好是能在幫忙朋友時，也能學會將來可以獨當一面的經驗。而雙魚座不同，能為朋友奉獻到底，不會想這麼多。當然獅子座和雙魚座兩人在基本相處上不會出問題。

面對處女座♍的朋友

對於朋友，不論是處女座或雙魚座，都會奉獻自己的心力，朋友有越多需要他們幫忙的事，就越做越有精神，只能說雙魚座和處女座都會把心思放在朋友身上。

而且雙魚座的表現很特別，只要叫他來幫朋友，他大概都會第一個出現；雙魚座完全不會把協助朋友的困擾放在心上，而且還特別認真呢！讓朋友們有時感覺雙魚座真的很窩心！

處女座雖然說也很為朋友著想，可是他不會這樣完全付出，他會比較小心翼翼，不讓朋友的事情太影響到自己，所以比較起來，雙魚座會對處女座付出相當多心血。

面對天秤座♎的朋友

雙魚座和天秤座是兩個相當好相處的星座，尤其雙魚座很能給予身邊的朋友滿滿的關懷，而且和每個星座的朋友都可以好好配合。而天秤座和雙魚座由於個性溫和，所以是很有默契的朋友組合，相處起來很愉快。

天秤座和雙魚座的組合，彼此可以配合，又能互相關心，只是仍舊是雙魚座在相處上付出比較多的心力，因為天秤座有太多朋友了，會分散了對雙魚座這位朋友的專注；而雙魚座則是全心全意的面對天秤座這個好友，總是給他暖暖的溫柔問候。

面對天蠍座♏的朋友

同是水象星座的雙魚座與天蠍座，對於直覺都有很強烈的自信。因此在面對問題時很敏銳，彼此都是很需要對方幫忙的星座。

只是天蠍座比較喜歡去了解別人現在在做什麼，喜歡去知道別人在想什麼，還好面對的是雙魚座，很能配合天蠍座的！但要注意的是，天蠍座和雙魚座在相處上，要互相留一些空間給對方，這樣才能有比較好的互動，自然會增進雙方友情的深度。

面對射手座♐的朋友

面對雙魚座朋友的多愁善感，是射手座很受不了的地方。既然大家是朋友，有問題就要說出來，可以大家一起來討論與解決。何必要一副優因沖沖的樣子，這樣別的朋友看了也很煩。更何況射手座本身就是天生樂觀的人，會希望雙魚座這位朋友也能開心一點。

雙魚座很會為朋友投入自己的熱情，他常常會認真的付出自己，讓朋友遇到麻煩事時，能在他的幫忙下儘快的振作起來。在這點上射手座會很喜歡有雙魚座這樣的好朋友。

面對魔羯座♑的朋友

對自己人生的歷程來說，魔羯座是一個務實的人，不論什麼事情，都很要求實際的結果，認為人生就是應該腳踏實地去過才對。而雙魚座就不同，是標準的很會幻想的星座，不過現代生活的壓力太大了，有些發現浪漫的能力也是不錯的，最起碼日子不會過得太煩躁。

當務實無比的魔羯座碰上一個熱愛幻想的雙魚座，彼此的磨擦總是會有一點。不過魔羯座是很有責任感的人，很能夠包容雙魚座，並與他並肩作戰的喔！所以雙魚座和魔羯座這一對朋友組合，是非常相配的。

面對水瓶座♒的朋友

水瓶座是一個很獨立自主的星座，因此在人生中，很多事情都喜歡靠自己打拚，不會想要依賴別人，當然就會給朋友一種孤傲的感覺，這是水瓶座的天性，各位朋友要多多包涵啊！

雙魚座其實也是很能包容水瓶座這位朋友，因為雙魚座本來就都是愛為別人著想的人，再加上這個水瓶座的朋友，本來就很討人喜歡，現在雙魚座與水瓶座成為好朋友，兩個人有缺點一定要幫忙指出來，互相尋求改進的空間。

面對雙魚座♓的朋友

同屬雙魚座的兩個人，一起面對人生的未來，有對方的存在就可以放心了，因為雙魚座是個犧牲奉獻型的星座，沒有什麼權利欲，如此就不會跟另一個雙魚座發生爭執，一切是以平和為主，他們也會讓身邊其他的朋友覺得很快樂，這就是雙魚座本來就具有的優點啊！

不過，同屬雙魚座的兩個人，應該要互相的搭配與支援，遇到什麼需要對方幫忙的事情，要提早說出來，才不會累積太多壓力，造成心裡無法承受而出現身心俱疲的現象。所以雙魚座要學會找人求救的能力喔！～

國家圖書館出版品預行編目(CIP)資料

超人氣！12星座+家人+朋友+同事=288種人際關係書！/
趙心如編．——初版——新北市：晶冠，2019.02
面；公分．——（趣味休閒；9）

ISBN 978-986-96429-9-6（平裝）

1. 占星術

292.22 108000278

趣味休閒 09

超人氣！
12星座+家人+朋友+同事=288種人際關係書！

作　　者　趙心如
副總編輯　林美玲
特約編輯　韓小蒂
校　　對　黃姿菁、謝函芳
封面設計　Maffrey Inc.
內頁插畫　房立儒
出版發行　晶冠出版有限公司
電　　話　02-7731-5558
傳　　真　02-2245-1479
E-mail　ace.reading@gmail.com
部 落 格　http://acereading.pixnet.net/blog
總 代 理　旭昇圖書有限公司
電　　話　02-2245-1480（代表號）
傳　　真　02-2245-1479
郵政劃撥　12935041 旭昇圖書有限公司
地　　址　新北市中和區中山路二段352號2樓
E-mail　s1686688@ms31.hinet.net
旭昇悅讀網　http://ubooks.tw/
印　　製　福霖印刷有限公司
定　　價　新台幣250元
出版日期　2019年02月 初版一刷
ISBN-13　978-986-96429-9-6

趣味休閒

趣味休閒